POLYGLOTT on tour

Irland

W0197039

Die Autoren
Bernd Müller
lebt und arbeitet als Übersetzer,
Journalist und Reisebuchautor in
England. Durch viele Reisen hat er
Irland und seine Menschen schät-
zen gelernt.

Rasso Knoller
ist seit über 20 Jahren Journalist
und Sachbuchautor und hat bisher
über 40 Bücher veröffentlicht.

Christian Nowak
arbeitet ebenfalls seit mehr als 20
Jahren als Journalist, Fotograf und
Buchautor. Von ihm sind bisher über
zwei Dutzend Bücher erschienen.

Rasso Knoller und Christian Nowak
gehören dem Journalistenbüro
»Die Reisejournalisten« (www.
die-reisejournalisten.de) an und
haben zusammen bereits einige
Irlandbücher verfasst.

Reiseplanung

Land & Leute

Unterwegs in Irland

Die Hauptstadt der Republik Irland hat keine einzelnen, alles überragenden Highlights zu bieten, sondern nimmt durch ihre sympathische Mischung aus Großstadtleben, Kulturangeboten, Historie und Erholung für sich ein.

Grünes Bauernland, Klosterruinen und Megalithgräber ergeben ein echt irisches Kaleidoskop. Die Wicklow Mountains laden zum Wandern ein, der Shannon-Fluss zu Bootsausflügen, und der Boyne zum Lachsfischen.

Südwestirland

Cork, die »heimliche Hauptstadt des Südens«, strahlt liebens-
würdigen Charme aus. Überwältigende Natur bieten die weit in
den Ozean hinausragenden Halbinseln des Südwestens, von
denen Iveragh mit dem Ring of Kerry die meistbsuchte ist.

Westirland

In den Gaeltachts Westirlands wird noch im Alltag Irisch gesprochen – etwa in der freundlichen Stadt Galway, auf den entlegenen Aran-Inseln und im rauen Nordwesten der Grafschaft Mayo.
Spektakulär sind die 200 m ins Meer abfallenden Cliffs of Moher.

Der Norden

Dramatische Küsten, idyllische Seen und der Giant's Causeway
als Höhepunkt bieten unvergessliche Landschaftserlebnisse. Seit
dem Ende der Unruhen sind auch die Städte Nordirlands, allen
voran Belfast und Derry, neu aufgeblüht.

Reiseplanung

Die Reiseregion im Überblick][Die schönsten
Touren][Klima und Reisezeit][Anreise][Reisen
im Land][Sport und Aktivitäten][Unterkunft

Die Reiseregion im Überblick

Die irische Hauptstadt **Dublin** hat in den letzten zwei Jahrzehnten einen geradezu märchenhaften Aufstieg vom Armenhaus Europas zu einer ansehnlichen Metropole hingelegt. Sie kann es zwar nicht mit Rom, London oder Paris aufnehmen, aber der Kontrast zum beschaulichen ländlichen Irland könnte kaum größer sein. Dublin ist das unbestrittene Finanz-, Verwaltungs- und Medienzentrum. Ehrgeizige Bauvorhaben haben der Stadt in den letzten Jahren ein neues Gesicht gegeben. Doch die Wirtschaftskrise hat den »Keltischen Tiger« mittlerweile härter als viele andere Länder Europas getroffen. Das Platzen der Immobilienblase und der Einbruch der Baubranche führen für viele Iren zu einem deutlich spürbaren Verlust an Wohlstand. Mit rund 500 000 Einwohnern ist Dublin eine relativ kleine Hauptstadt, jedoch reich an Sehenswürdigkeiten. Die beschwingte Atmosphäre der Stadt lässt sich am besten bei einem Bummel durch die legendären Pubs erfahren.

Jenseits der Hauptstadt wird die Besiedlung rasch dünner. Das **Zentrum** der Insel wird mit seinen sattgrünen Wiesen und Hügeln dem Beinamen »Grüne Insel« vollauf gerecht. Imposante Bauwerke wie der prähistorische Grabhügel von Newgrange oder die Ruinen der Klöster von Clonmacnoise und Glendalough erzählen von der langen Geschichte des Landes. Die **Ostküste** wurde schon von den Wikingern besiedelt. Heute ziehen v.a. die Strände zwischen Dublin und Rosslare und die Wicklow Mountains die Besucher an.

Clare Island vor der Westküste wurde bekannt als »Insel der Piratenkönigin«

Im **Südwesten** zählen die Grafschaften Cork und Kerry zu den meistbesuchten Zielen der Insel. Wie die Finger einer Hand ragen die Halbinseln Dingle, Iveragh, Beara und Sheep's Head weit in den Atlantik. Zum Teil winzige Straßen, die nur aus Kurven bestehen, umrunden jede dieser Halbinseln mit ihren oft wildromantischen Küsten.

Die schroffe Felsküste von **Westirland** erreicht an den Cliffs of Moher ihren Höhepunkt. Bei der Durchquerung des kahlen Burren-Nationalparks wird klar, warum im 19. Jh. so viele Iren während der großen Hungersnot ihre Heimat verlassen mussten. Alle, die sich für alte gälische Traditionen interessieren und in einem Pub dem eigenartigen Klang des Irischen lauschen möchte, müssen sich in die Grafschaft Galway, das größte sog. *Gaeltacht*-Gebiet Irlands, begeben.

Der **Norden** der irischen Insel wurde früher von der Provinz Ulster gebildet, heute gehört der westliche Teil zur Republik Irland, der größere Ostteil zu Nordirland. Seit der Festigung des Friedensprozesses bekommt Nordirland allmählich wieder die Aufmerksamkeit, die es verdient. So auch Belfast, eine Stadt, die anfängt, ihre schönen Seiten herauszuputzen und doch immer noch Spuren der jüngsten Vergangenheit zeigt. Die meisten Sehenswürdigkeiten im Norden liegen entlang der Küste. Das größte Naturwunder ist der Giant's Causeway, eine 60 Mio. Jahre alte Ansammlung von Zehntausenden von Basaltsäulen.

Die schönsten Touren

Von Dublin in den Süden und Westen in einer Woche

—①— Dublin › Waterford › Cork › Bantry › Killarney › Ring of Kerry › Cliffs of Moher › Limerick › Dublin

Distanzen:
Dublin › **Waterford** 160 km; **Waterford** › **Cork** 125 km; **Cork** › **Bantry** 110 km; **Bantry** › **Killarney** 85 km; **Killarney** › **Ring of Kerry** 175 km; **Ring of Kerry** › **Cliffs of Moher** 140 km; **Cliffs of Moher** › **Limerick** 80 km; **Limerick** › **Dublin** 200 km.

Verkehrsmittel:
Auch wenn der Linksverkehr vielleicht etwas ungewohnt ist und viele Straßen relativ eng und kurvig sind, bietet doch der eigene Wagen oder ein Mietwagen erhebliche Vorteile.

Diese Tour bietet in kurzer Zeit viele der Höhepunkte Irlands. Von ****Dublin** › S. 44 geht es entlang der Ostküste nach ***Waterford** › S. 87. Wer einen halben Tag mehr Zeit hat, kann einen Abstecher in die

Wicklow Mountains ❯ S. 66 machen und obendrein noch die Klosterruinen von **Glendalough** ❯ S. 67 besichtigen. Die Hauptstraße nach *Cork ❯ S. 82 und **Bantry** ❯ S. 92 verläuft größtenteils im Landesinnern, doch lohnen sich Abstecher an die Küste, etwa zum *Charles Fort ❯ S. 89 und nach **Mizen Head** ❯ S. 91. Nach der Hafenstadt Cork führt die Tour meist entlang der malerischen, vielfingrigen Küste. Die Entscheidung, welche Halbinsel man umrunden möchte, fällt schwer. Die meisten wählen die **Iveragh Peninsula,** um die herum der **Ring of Kerry** ❯ S. 96 verläuft. Aber auch die Halbinseln **Beara** ❯ S. 93 und **Dingle** ❯ S. 97 haben ihre Reize. Dramatisch kommen die ein Stück weiter nördlich gelegenen **Cliffs of Moher** ❯ S. 104 daher, die senkrecht 200 m ins Meer abbrechen. Über **Limerick** ❯ S. 102, ein gemütliches Städtchen am Shannon, geht es durchs Landesinnere zurück nach Dublin.

In einer Woche von Dublin in den Norden

❯❯②❯ **Dublin** ❯ **Belfast** ❯ **Giant's Causeway** ❯ **Derry** ❯ **Donegal** ❯ **Sligo** ❯ **Enniskillen** ❯ **Dublin**

Distanzen
Dublin ❯ **Belfast** 170 km; **Belfast** ❯ **Giant's Causeway** 100 km; **Giant's Causeway** ❯ **Derry** 70 km; **Derry** ❯ **Donegal** 75 km; **Donegal** ❯ **Sligo** 65 km; **Sligo** ❯ **Enniskillen** 75 km; **Enniskillen** ❯ **Dublin** 145 km.

Verkehrsmittel
Auch für diese Tour ist der eigene oder Mietwagen das Fortbewegungsmittel der Wahl. Mit öffentlichen Verkehrsmitteln erreicht man nicht alle Sehenswürdigkeit und braucht wesentlich länger.

Für die meisten Irlandreisenden ist die Hauptstadt **Dublin** ❯ S. 44 der erste Anlauf- und auch gleich der erste Höhepunkt. Ein Tag ist für die Erkundung Dublins sicher zu wenig, mindestens zwei sollten es schon sein. Anschließend geht es in die nordirische Hauptstadt *Belfast ❯ S. 122, die sich langsam von den Kriegswirren erholt und wieder ein durchaus lohnendes Ziel darstellt. Der ***Giant's Causeway** ❯ S. 128, eine rund 60 Mio. Jahre alte Ansammlung von Basaltsäulen an der Nordküste, gehört zweifelsohne zu den beeindruckendsten Touristenzielen Nordirlands. Bevor man nach *Derry ❯ S. 130 ins Landesinnere fährt, sollte man sich noch in Ruhe in den kleinen, gemütlichen Küstenorten **Portrush** und **Portstewart** ❯ S. 129 umschauen. Zwischen **Donegal** ❯ S. 134 und **Sligo** ❯ S. 116 fährt man dann wieder ein Stück an der teils wildromantischen Küste entlang. ***Enniskillen** ❯ S. 132 im Grenzland zwischen der Republik Irland und Nordirland ist das Zentrum der Seenlandschaft um Lough Erne. Bevor man nach Dublin zu-

rückkehrt, sollte man die drei Hauptsehenswürdigkeiten der Gegend, ***Florence Court** ❯ S. 132, ****Castle Coole** ❯ S. 132 und ***Devenish Island** ❯ S. 133, besichtigen.

Irlands Höhepunkte in zwei Wochen

③ **Dublin** ❯ **Cork** ❯ **Bantry** ❯ **Killarney** ❯ **Ring of Kerry** ❯ **Limerick** ❯ **Galway** ❯ **Sligo** ❯ **Derry** ❯ **Giant's Causeway** ❯ **Belfast** ❯ **Dublin**

Distanzen
Dublin ❯ **Cork** 260 km; **Cork** ❯ **Bantry** 110 km; **Bantry** ❯ **Killarney** 85 km; **Killarney** ❯ **Ring of Kerry** 175 km; **Ring of Kerry** ❯ **Limerick** 110 km; **Limerick** ❯ **Galway** 105 km; **Galway** ❯ **Sligo** 250 km; **Sligo** ❯ **Derry** 150 km; **Derry** ❯ **Giant's Causeway** 70 km; **Giant's Causeway** ❯ **Belfast** 100 km; **Belfast** ❯ **Dublin** 170 km.

Verkehrsmittel
Ab einer Reisedauer von zwei Wochen lohnt es sich unter Umständen, über die Mitnahme des eigenen Pkw nachzudenken. Bei kürzeren Aufenthalten sind in der Regel das Ticket eines Billigfliegers und ein Mietwagen kostengünstiger.

Die große Irlandrundtour verläuft über weite Strecken entlang der Küste und berührt viele der größten Sehenswürdigkeiten der Insel. Von ****Dublin** ❯ S. 44 geht es südwärts entlang der Ostküste – mit einem Abstecher in das Wanderparadies ****Wicklow Mountains** ❯ S. 66 – in die Hafenstadt ***Cork** ❯ S. 82 mit ihrem charmanten Zentrum und weiter nach **Bantry** ❯ S. 92. In **Killarney** ❯ S. 94 beginnt der ****Ring of Kerry** ❯ S. 96, die Rundfahrt um die **Iveragh Peninsula**, die man auf keinen Fall verpassen sollte. Aber auch die anderen Halbinseln im Südwesten sind Abstecher und Umwege wert. An der Westküste warten spektakuläre Küstenabschnitte, etwa die 200 m tief ins Meer abbrechenden ****Cliffs of Moher** ❯ S. 104. In und um ***Galway** ❯ S. 106 befindet man sich inmitten des größten Gaeltacht-Gebiets, wo viele Menschen noch Irisch sprechen. Über **Sligo** ❯ S. 116 und ***Derry** ❯ S. 130 gelangt man zur Nordküste, wo der *****Giant's Causeway** ❯ S. 128, eine rund 60 Mio. Jahre alte Ansammlung von Basaltsäulen, den Höhepunkt bildet. Nordirlands Hauptstadt ***Belfast** ❯ S. 122 hat sich mittlerweile vom Bürgerkrieg erholt und ist wieder einen längeren Zwischenhalt wert. Nur die hochpolitischen ****Wall Murals** ❯ S. 125 erinnern noch an diese dunkle Zeit. Entlang der Küste – mit einem Abstecher zum Megalithgrab von *****Newgrange** ❯ S. 63 – geht es wieder zurück nach Dublin.

Touren in den Regionen

Tour	Region	Dauer	Seite
Südlich des River Liffey	Dublin	4 Std.	45
Nördlich des River Liffey	Dublin	3–4 Std.	46
Sehenswertes südlich von Dublin	Zentrum und Ostküste	1 Tag	58
Von Dublin nach Norden	Zentrum und Ostküste	1 Tag	60
Rund um Athlone	Zentrum und Ostküste	1 Tag	60
Von Cork nach Waterford und Cashel	Südwestirland	2 Tage	78
Von Cork zur Beara-Halbinsel	Südwestirland	3 Tage	79
Rund um die Halbinseln Dingle und Iveragh	Südwestirland	3 Tage	79
Von Limerick an die Westküste	Westirland	3 Tage	99
Von Galway nach Connemara	Westirland	2 Tage	101
Rundtour südlich von Sligo	Westirland	2 Tage	101
Von Belfast zum Lough Neagh	Der Norden	1–2 Tage	118
Rundtour nördlich von Belfast	Der Norden	3 Tage	119
Von Derry in den Nordwesten	Der Norden	3 Tage	119

Klima und Reisezeit

Irland wird von gemäßigtem atlantischem Klima unter Einfluss des Golfstroms beherrscht. In den kältesten Monaten Januar und Februar misst man Tagestemperaturen von 5–8 °C, in den wärmsten Monaten Juli und August Temperaturen um 16 °C, die Jahresdurchschnittstemperatur liegt um 10 °C. Der Südosten weist die meisten Sonnentage, der Südwesten die mildesten Winter und der Nordosten die meisten Frosttage auf. Die geringsten Niederschläge gehen im Osten, die meisten über dem bergigen Südwesten nieder. Zu allen Jahreszeiten ist mit raschem Wetterwechsel zu rechnen.

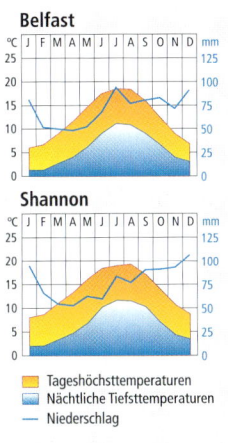

Die beliebteste Reisezeit reicht von Mai bis Anfang Oktober, wobei im Mai und Juni am ehesten die Sonne scheint und mancher (aber keineswegs jeder!) Sommer der letzten Jahre ungewohnte Temperaturen bis zu 30 °C brachte.

An gesetzlichen **Feiertagen** › S. 138 sind die Straßen sehr voll, Unterkünfte sollte man im Voraus buchen.

Schüler haben im **Juli** und **August Sommerferien**.

Anreise

Fluggesellschaften und Reedereien mit direkten Links listet die Website **www.discoverireland.com**.

Mit dem Flugzeug

Dublin wird von fast allen europäischen Fluggesellschaften und von vielen Städten aus bedient, sodass eine ganze Reihe täglicher Verbindungen zur Auswahl steht. Internationale Flüge gibt es zudem nach Shannon und Kerry, gelegentlich auch nach Cork, daneben Anschlussflüge im Land nach Galway und Sligo. Belfast ist über englische Flughäfen wie London und Manchester, ab Berlin und Amsterdam auch mit einem Direktflug zu erreichen. Wer ein Auto mieten möchte, sollte dies daheim zusammen mit der Buchung des Flugs erledigen, da in Irland selbst mit erheblich höheren Kosten gerechnet werden muss.

Mit der Bahn

Die Anreise mit der Bahn ist zwar seit der Einweihung des Kanaltunnels zwischen England und Frankreich nicht mehr ganz so langwierig, aber immer noch kompliziert und teuer, außer man kann die Sondertarife für junge Leute unter 26 Jahren nutzen.

Mit der Fähre

Von Südwales, Nordengland und Schottland aus überqueren Fähren die Irische See. Einige Fährgesellschaften bieten günstige Kombinationstarife (Landbridge) an, wenn man alle Seestrecken bei ihnen bucht.

Von verschiedenen Häfen Nordfrankreichs bestehen auch direkte Routen nach Irland (Rosslare im Südosten sowie Cork). Die gemütliche Seereise erspart eine lange Autofahrt, ist aber nicht billig.

Reisen im Land

Mit dem Wagen

In Irland wird wie in Großbritannien links gefahren – Autofahrer gewöhnen sich aber meist rasch an die Umstellung. Die Verkehrsregeln in der Republik entsprechen im Wesentlichen denen in Großbritannien und Nordirland: Autos im Kreisverkehr haben Vorfahrt, bei allen anderen Straßen geben Schilder die Regelung an.

Als Tempolimits gelten in geschlossenen Ortschaften 30 Meilen (48 km/h), auf Landstraßen 55 Meilen (88 km/h) in der Republik bzw. 60 Meilen (96 km/h) in Nordirland und auf Autobahnen und mehrspurigen Straßen mit getrennten Richtungsfahrbahnen 70 Meilen (113 km/h). Alle Fahrzeuginsassen müssen den Gurt anlegen; die Promillegrenze liegt bei 0,8.

Mietwagenfirmen verlangen den nationalen Führerschein, ein Mindestalter des Fahrers von 21 bzw. 25 Jahren (je nach Wagentyp) und akzeptieren in der Regel nur Kreditkarten als Zahlungsmittel.

Meilen und Kilometer

In Nordirland wird weiterhin in Meilen gerechnet, in der Republik sind Tempolimits und Distanzen in Kilometern angegeben. Aber noch zeigen die Tachometer vieler Mietwagen Meilen an.

Blick vom Ormond Quay zur O'Connell Street in Dublin

In den sogenannten Gaeltacht-Gebieten › S. 30 sind manche Schilder nur irisch bzw. gälisch beschriftet. Da man in Irland aber ohnehin Straßenkarten benötigt, die auch die gälischen Ortsnamen nennen, dürfte dies kein Problem sein.

Mit öffentlichen Verkehrsmitteln

Die Bahnverbindungen auf der irischen Insel gehen fast ausschließlich fächerförmig von Dublin aus, wobei der Westen von Nordirland sowie der Nordwesten und die Südspitze der Republik unterversorgt sind. Dagegen sind die Fernbusnetze gut ausgebaut (*Ulsterbus* in Nordirland und *Bus Éirann* in der Republik). Im Sommer werden vor allem an der Westküste noch zusätzliche Strecken in Betrieb genommen.

Ein Busticket kostet in der Regel weniger als 50 % des Bahntickets, allerdings dauert die Fahrt oft viel länger. Kombi-Tickets sind nicht billig, ermöglichen aber eine gute Ausnutzung des öffentlichen Verkehrssystems. So umfassen die **Irish Explorer Bus & Rail Tickets** z.B. Bahn- und Fernbusreisen in Nordirland und der Republik (ein 8-Tage-Ticket für 245 € gilt innerhalb von 15 Tagen; www.buseireann.ie).

Fahrplan- und Preisauskünfte:

■ Irish Rail (Iannród Eireann): **www.irishrail.ie**
■ Northern Ireland Railways: **www.nirailways.co.uk**

Special
Mit Kindern unterwegs

Irland ist ein junges Land, Familien mit Kindern sind deshalb – auch auf Reisen – keine Seltenheit. Nahezu überall gibt es Kindermenüs, Hochstühle sowie Rampen für Kinderwagen und Buggys. Mietwagenfirmen bieten gegen Aufpreis Kindersitze an. In den meisten Museen und Sehenswürdigkeiten gibt es verbilligte Kindertickets. Abendliche Pubbesuche müssen Eltern allerdings ohne ihren Nachwuchs machen, denn nach 19 Uhr dürfen nur noch Erwachsene dort ihr Guinness trinken.

Öffentlicher Verkehr
Im Zug fahren Kinder unter fünf Jahren gratis, Jugendliche bis 15 Jahre zum halben Preis (Infos bei Irish Rail, www.irishrail.ie). Im Bus brauchen Kinder bis zu drei Jahren kein Ticket, Jugendliche bis 16 Jahre erhalten Ermäßigungen (Infos bei Bus Éireann, www.buseireann.ie). Informationen über Familien- und Kinderfahrkarten in **Nordirland** gibt es bei Translink (www.translink.co.uk).

So weit die Organisation, doch wie den Nachwuchs bei Laune halten? Endlose Stadtrundgänge und Museumsbesuche, lange Autofahrten und die Suche nach dem x-ten Hochkreuz führen oft zu schlechter Laune und lautstarkem Protest. Doch es gibt Alternativen.

Spaß zu Wasser und zu Land
In Dublin bietet die **Viking Splash Tour** eine eineinhalbstündige Stadtrundfahrt in einem Amphibienfahrzeug an, einem sechsrädrigen, grellbunt bemalten Oldtimer. Dieser fährt zwar auch an den klassischen Sehenswürdigkeiten vorbei, doch vor allem das Wikinger-Spektakel an Bord begeistert an Land wie im Wasser

jedes Kind. (Infos unter Tel. 01/707 6000 oder www.viking splash.ie.)

Alle nur erdenklichen Wasser-aktivitäten hat das **National Aquatic Centre** im Angebot. Master Blaster, Flow Rider oder das Pirates Ship bieten genug Ab-wechslung für einen ganzen Tag (Snugborough Rd., Blanchards-town, Dublin 15, Tel. 01/646 4300, www.nationalaquaticcentre.ie).

Ein ähnlich feuchtes Vergnü-gen erwartet die Besucher im **Splashworld** in Tramore (Railway Square, Tel. 051/ 390 176, www. splashworld.ie).

Im **University of Limerick Ac-tivity Centre** (Tel. 061/376 622, www.ulac.ie) ca. 3 km nördlich von Killaloe kann man sich beim Wassersport – Kanu, Kajak, Se-geln–, beim Bogenschießen und an der Kletterwand austoben.

Das **Dunmore East Adventure Centre** im County Waterford (Tel. 051/383783, www.dunmore adventure.com) verleiht Ausrüs-tungen für jede Art von Wasser-sport und bietet vom Schnupper-bis zum Fortgeschrittenenkurs alles an.

Erlebnisse mit Tieren

Der **Dublin Zoo** im südöstlichen Bereich des Phoenix Park > S. 53 wurde 1830 eröffnet und ist damit einer der ältesten Zoos überhaupt (Mo–Sa 9.30–18, So ab 10.30, im Winter bis 16 oder 17 Uhr, Tel. 01/474 8900, www.dublinzoo.ie). Großkatzen wie Löwe, Schneeleo-pard oder Sumatra-Tiger, dazu Affen, Nashörner, Nilpferde, Ele-

fanten und ein Streichelzoo erge-ben ein rundes Angebot.

Der **Belfast Zoo** liegt am Cave Hill mit schöner Aussicht auf Stadt und Fluss, das heißt aber auch, dass man in diesem Berg-zoo ein wenig ins Schwitzen gerät. Das Highlight sind die Bären. (Im Sommer tgl. 10–19, im Winter bis 16 Uhr, Tel. 028/9077 6277, www. belfastzoo.co.uk).

Als Alternative zu den beiden bekanntesten Zoos bietet sich der **Fota Wildlife Park** zwischen Cork und Cobh an, ein sehr weit-läufiger Park mit vielen frei lau-fenden Tieren, darunter auch Geparden (wochentags ab 10 Uhr, sonntags ab 11 Uhr, Tel. 021/ 481 2678, www.fotawildlife.ie).

Eine Reise mit **Pferd und Plan-wagen** begeistert die meisten Kin-der. Im Schritttempo geht es von Wicklow aus durch Irland – ein echtes Erlebnis, allerdings nur für diejenigen, die auf Komfort ver-zichten können. (Informationen bei Irland-Reisen, Rohrbacher-str. 36, 69181 Leimen, Tel. 0 62 24/ 7 69 76 und unter www.irish horsedrawncaravans.com.)

Sport und Aktivitäten

Bei vielen Aktivitäten (z.B. Angeln, Bootfahren, Reiten, Golf) fallen Pauschalangebote der Reisebüros preisgünstiger aus als Buchungen beim Veranstalter in Irland selbst.

Wassersport und Bootsferien

Rund 1500 km Küste, 14 000 km Flüsse und über 4000 Seen – Irland ist ein Wassersportparadies. Neben Bademöglichkeiten bieten die Küstengewässer und Loughs Seglern und Windsurfern ideale Reviere. Infos: **Irish Sailing Association**
3 Park Rd., Dun Laoghaire, Co. Dublin, Tel. 01/280 0239, www.sailing.ie
Als ausgedehntestes und beliebtestes Revier für den Urlaub auf Kabinenkreuzern **›** Special S. 73 bietet sich der Shannon an. Ruhiger und landschaftlich fast noch schöner ist das Gebiet von Upper und Lower Lough Erne im nordirischen Fermanagh.

Angeln

Echt gut! In der **Republik Irland** ziehen **einige der besten Fischgewässer Europas** die Angler an. Die beste Zeit für das Fischen von Lachsen beginnt Ende März, für Meerforellen im Juni, Bachforellen sind von April bis Juni und im September besonders zahlreich.

Angellizenzen unterschiedlicher Gültigkeitsdauer gibt es für eine Region oder auch überregional, z.B. in Anglerläden *(tackle shops)*, in Büros des Central Fisheries Board oder vorab per Internet unter www. cfb.ie. Unter **www.shannon-fishery-board.ie** findet sich eine Fülle von Informationen bis hin zu ausführlichen Adressenlisten von Angelführern *(ghillies)*, die auch Ruderboote und Unterkünfte vermieten.

■ **Central Fisheries Board**
Swords Business Campus][Swords Co. Dublin][Tel. 01/884 2600][www.cfb.ie
■ **Shannon Regional Fisheries Board**
Ashbourne Business Park Dock Rd.][Limerick, Tel. 061/300238, www.shannon-fishery-board.ie
■ **Informationsbüro des Fishery Board**
Tudenham Lodge][Mullingar][Co. Westmeath][Tel. 044/934 8769

In **Nordirland** gelten die Angellizenzen für unterschiedliche Zeiträume, z.B. für das Fischen von Lachs oder für Hechtangeln. Eine Tageslizenz kostet ab ca. 7 £. Das Süßwasserangeln nach anderen Fischen ist wie das Angeln im Meer kostenlos und erfordert keine Lizenz.
Department of Culture, Arts and Leisure,
Causeway Exchange][1–7 Bedford St.][Belfast BT2 7EG][Tel. 028/9025 8825 www.dcalni.gov.uk

Pferdesport

Pferdefreunde können in Irland einen Urlaub voller Wonnen erleben. Reitställe, die Unterricht, Ausritte und Wanderritte anbieten, gibt es besonders gehäuft in den Grafschaften Wicklow und Meath sowie im County Cork.

Urlaub im Pferdewagen ist seit vielen Jahren eine irische Spezialität. Verleihfirmen finden sich auf der Website www.irishhorse drawncaravans.com. Infos bietet:

Association of Irish Riding Establishments
Millennium Park][Naas][Co. Kildare][Tel. 045/850800][www.aire.ie

Radfahren

Wer ohne eigenes Rad anreist, findet zahlreiche örtliche Verleiher. Steigender Beliebtheit erfreuen sich organisierte Radtouren mit Gepäcktransport, vorwiegend in Connemara und im Südwesten.

■ **Raleigh Ireland**
Finches Park][Long Mile Rd.][Dublin 12][Tel. 01/465 9659][www.raleigh.ie
Unterhält Verleihstationen in der ganzen Republik.

■ **Go Ireland**
Dalys Lane][Killorglin][Co. Kerry][Tel. 066/ 976 2094][www.govisitireland.com Organisiert Rad- und Wandertouren.

Wandern

Der längste von Irlands vielen Wanderwegen ist der ca. 930 km lange Ulster Way durch den ganzen Norden Irlands. Am schönsten wandert es sich in den Mountains of Mourne im Nordosten und den Macgillicuddy's Reeks im Südwesten sowie um Mount Brandon auf der Dingle-Halbinsel und in den Wicklow Mountains.

Golf

Irland besitzt etwa 380 teils wunderschöne Plätze, die meist auch für Nichtmitglieder zugänglich sind. Hotels mit eigenem oder nahe gelegenem Golfplatz gibt es z.B. in Athlone ❯ S. 72, Kilkenny ❯ S. 69, Waterford ❯ S. 87, Sligo ❯ S. 116 oder Portrush ❯ S. 129. **Für anspruchsvolle Golfer empfiehlt sich der Rathsallagh Golf Course** in Dunlavin (Tel. 045/403112); stilvoll übernachten kann man im noblen Rathsallagh House (Tel. 045/403112, www.rathsallaghhousehotel.com. ●●●).

Golfing Union of Ireland,
Carton Demesne Maynooth][Co. Kildare][Tel. 01/5054000][www.gui.ie

Hart und schnell: Gaelic Sports

Hurling – dem Feldhockey verwandt – und Gaelic Football haben in Irland lange Tradition und eine politische Dimension in Abgrenzung zu Großbritannien. Was die beiden Sportarten aber besonders attraktiv macht, ist die Art und Weise, wie sie gespielt werden: große Mannschaften, einfache Regeln und auf dem Feld schnelle, harte Action ohne viele Unterbrechungen.

Hurling

Gilt als schnellste im Freien gespielte Mannschaftssportart der Welt. Auf einem 137 x 82 m großen Spielfeld (kontinentaler Fußball: 105 x 70 m) kämpfen zwei Mannschaften zu je 15 Spielern um *goals* und *points* (für einen Schuss ins obere Rechteck des H-förmigen Tors, wo er vom Torwart nicht erreicht werden kann). Gespielt wird mit einem Stock (*hurley,* auf Irisch *camán*); der harte Ball *(sliotar)* darf in die Hand genommen, aber nicht geworfen oder mehr als vier Schritte lang festgehalten werden. Während zwei Halbzeiten zu je 35 Minuten (bei Spielen zur irischen Meisterschaft) wird hart zur Sache gegangen – ein gewisses Maß an Körperkontakt ist erlaubt, der Schiedsrichter unterbricht selten, Freischläge werden blitzschnell ausgeführt. Ergebnisse lesen sich darum etwa so: Westmeath 3-11, Cork 2-13, d.h. Westmeath hat drei *goals* (jeweils drei Punkte) und elf *points* erzielt, macht zusammen 20 Zähler gegen Corks 19 Zähler.

Camogie

Zunehmend beliebte, über 100 Jahre alte Form des Hurling für Frauenteams. Die Regeln entsprechen im Wesentlichen denen des Hurling (www.camogie.ie).

Gaelic Football

Wird auf dem gleichen Feld mit der gleichen Anzahl Spieler und ähnlichen Regeln wie beim Hurling gespielt, jedoch ohne Stöcke. Der Ball gleicht in Größe und Form einem Fußball, der mit dem Fuß getreten, aber auch mit den Händen gefangen und gefaustet sowie fünf Schritte weit festgehalten werden darf.

Einfach hingehen!

Die Meisterschaftssaison beginnt im Frühjahr und endet mit dem Hurling-Finale am ersten Sonntag im September und dem Football-Finale zwei Wochen später, beide im Nationalstadion **Croke Park** in Dublin. Die großen Finalspiele ziehen bis zu 70 000 Zuschauer an. Spiele der Lokalmannschaften finden den ganzen Sommer über meist am Samstagnachmittag auf öffentlichen Plätzen statt. Tickets zu Grafschaftsspielen kosten 8–15 €, Vorverkauf ist nicht üblich (außer natürlich bei den Finals in Dublin). Wer wissen will, worum es beim Hurling oder Gaelic Football wirklich geht, sucht am besten einen der Pubs auf, in denen sich die einheimischen Sportfreunde treffen: Bei **Murphy's** in Killarney zeigt der Fernseher selten etwas anderes als gälischen Sport, und im weit über

100 Jahre alten Pub **O'Briens** im Hinterzimmer des Lebensmittelladens von Athy im County Kildare sind die Wände bedeckt mit vergilbten Fotos von Sportheroen vergangener Zeiten. Es heißt, der Besitzer Frank O'Brien könne zu jedem Bild eine Geschichte erzählen.

Croke Park

Das **Nationalstadion Croke Park**, Jones's Road, Dublin 3, ist auch Hauptsitz der Gaelic Athletic Association (GAA, irisch: *Cumann Lúthchleas Gael*), die seit dem 19. Jh. über die Einhaltung der Regeln wacht und die Meisterschaften ausrichtet. Auskunft über Spieltermine und Kartenvorverkauf unter Tel. 01/836 3222; www.gaa.ie).

Im sehenswerten **Croke Park GAA Museum** endet der Rundgang mit dem preisgekrönten Dokumentarfilm »A Day in September«, der die besondere Stimmung bei einem nationalen Endspiel einfängt (http://museum.gaa.ie, Mo–Sa 9.30–17, spielfreie So 12 bis 17 Uhr, Juli, Aug Mo–Sa 9.30 bis 18 Uhr).

Unterkunft

Die Fremdenverkehrszentralen **Northern Ireland Tourist Board (NITB)** und **Fáilte Ireland** (beide: www.discoverireland.com) unterhalten Büros in nahezu jedem Ort und geben umfangreiche Verzeichnisse heraus sowie gemeinsam mit den Hotelverbänden für die ganze Insel den illustrierten Führer »Hotels and Guesthouses – Be Our Guest«. Ferienhäuser stellt die Broschüre »Guide to Self-Catering Accommodation« vor. Neben neueren Bungalow-Siedlungen lassen sich auch alte, oft liebevoll hergerichtete Cottages in schöner Lage entdecken.

Sehr informative Internetseiten samt komfortabler Buchungsmöglichkeiten bietet **www.fewo-direkt.de**. Detaillierte Informationen finden sich auch im Adressenführer »The Bridgestone 100 Best Places to Stay in Ireland« (im Buchhandel erhältlich).

Bed & Breakfast

Diese Unterkünfte sind allgegenwärtig. In der Republik zeigen die meisten durch ein Schild mit einem Kleeblatt an, dass sie regelmäßig durch Fáilte Ireland kontrolliert werden. Neben Bett und Frühstück wird oft auch eine warme Abendmahlzeit angeboten. Im B&B erweist es sich, dass die Iren tatsächlich ein gastfreundliches Volk sind. Der Nachteil bei einem längeren Aufenthalt ist, dass von den Gästen erwartet wird, dass sie tagsüber das Haus verlassen.

Bed & Breakfast in Westport, Co. Mayo

Guesthouses und Hotels

Hinsichtlich Tagesaufenthalt – aber nicht unbedingt in Bezug auf das Zimmer selbst – bieten Guesthouses mehr Komfort. Wegen der sprunghaften Entwicklung des Tourismus in den letzten 30 Jahren verfügt Irland über zahlreiche moderne Hotels. Diese sind zwar nicht billig, aber wer sich Luxus leisten kann oder über die Stränge schlagen möchte, kann zwischen einer Reihe von wunderschönen Landhäusern und Schlössern wählen, von denen einige unter den jeweiligen Orten im Reiseteil beschrieben werden.

Jugendherbergen, Hostels

■ **An Óige**
61 Mountjoy St.][Dublin 7, Tel. 01/830 4555][www.anoige.ie Betreibt 26 Herbergen in der Republik.

■ **Hostelling International Northern Ireland**
22 Donegall Rd.][Belfast BT12 5JN, Tel. 028/9032 4733 www.hini.org.uk Sechs Herbergen in Nordirland.

■ **Independent Holiday Hostels of Ireland (IHH)**
Lower Gardiner St.][Dublin 1 Tel. 01/ 836 4700 www.hostels-ireland.com.
Zusammenschluss unabhängiger Unternehmen aus ganz Irland mit über 100 Häusern. Viele Gäste ziehen deren Herbergen wegen der lockereren Atmosphäre anderen Unterkünften vor.

Campingplätze

In Irland gibt es etwa 200 Campingplätze. Nähere Informationen für die **Republik Irland** beim **Irish Caravan and Camping Council** (www.camping-ireland. ie), für **Nordirland** unter www. ukparks.com oder bei der **British Holiday and Home Parks Association** (www.bhhpa.org.uk).

Echt gut!

Die originellsten Unterkünfte

■ Wer wollte nicht schon immer mal hinter eine der typischen georgianischen Türen Dublins schauen? Im **Staunton's on the Green** gibt es nicht nur viel edles georgianisches Flair, das Hotel besitzt sogar einen Garten. ❯ S. 54

■ Wirklich edel geht es im **Mount Juliet** südlich von Kilkenny zu. Ein Reitstall und ein Golfplatz, auf dem die Irish Open ausgetragen werden, gehören zum Hotel. ❯ S. 70

■ Die Zimmer sind nicht einmal besonders luxuriös, aber das Ambiente macht's: Der rote Salon im **Bantry House** an der Südwestküste wurde eigens für die Hochzeit von Königin Marie Antoinette gefertigt. ❯ S. 92

■ Ein Hotel mit eigener Insel ist das **Waterford Castle** bei Ballinakill. Das noble Haus ist nur mit der Privatfähre erreichbar. ❯ S. 88

■ Das **Abbeyglen Castle** an der Sky Road bei Clifden ist zwar nur eine Schlossimitation, erbaut von einem Millionär in den 1930er-Jahren. Die Zimmer sind aber trotzdem luxuriös und die Aussicht atemberaubend. ❯ S. 112

Land & Leute

Steckbrief][Geschichte im Überblick
][Die Menschen][Natur und Umwelt
][Kunst und Kultur][Feste und
Veranstaltungen][Essen und Trinken

Steckbrief

Irland

Amtssprachen: In der Republik
Irland Englisch und Irisch (Gälisch);
in Nordirland Englisch.
Hauptstadt: Dublin
Landesvorwahl: Republik Irland
00353, Nordirland 0044.
Währung: Euro (Republik Irland),
Pfund Sterling (Nordirland). Nord-
irland hat eigene Banknoten, die sich
von den britischen unterscheiden.
Zeitzone: Greenwich Mean Time,
d.h. MEZ −1 Std.

Fläche: 84 459 km² (Republik Irland
70 282 km², Nordirland 14 177 km²);
größte Ausdehnung Nord-Süd
486 km, West-Ost 275 km.
Küstenlänge: 1448 km; längster Fluss:
Shannon (386 km); größter See:
Lough Corrib (170 km²); höchster
Berg: Carrantuohill (1041 m).
Einwohner: ca. 5,8 Mio. (Republik
Irland 4,1 Mio., Nordirland 1,7 Mio.)

Lage und Landschaft

Die Insel Irland liegt westlich von
Großbritannien im Atlantik. Ihr
nördlichster Punkt, Malin Head
in Donegal, befindet sich auf
demselben Breitengrad wie Ayr in
Südschottland und Odense in
Dänemark, die Südspitze, Mizen
Head in Cork, auf jenem von
London und Hamburg.

Eine fruchtbare, von vielen
Seen durchsetzte Kalkstein-Tief-
ebene bildet das Landesinnere.
Größere Erhebungen gibt es nur
an den Küsten. Im Nordwesten
und an der Ostküste bestehen sie
aus Granit, im Süden und Südwesten aus Sandstein, im Nordosten aus Basalt; den grandiosen
Höhepunkt bildet hier der Giant's
Causeway.

Politik und Verwaltung

Irland gliedert sich in vier überre-
gionale Provinzen (Ulster im
Norden, Connacht oder Conn-
aught im Westen, Leinster im Osten und Munster im Süden) und
32 regionale Grafschaften (Countys; 26 in der Republik Irland, 6 in
Nordirland). Die vier Provinzen
entsprechen in etwa den alten Kö-
nigreichen des Landes, nach denen sie auch benannt sind.

Staatsoberhaupt der Republik Irland ist ein direkt gewählter Präsident mit Repräsentativfunktion (seit 1997 Mary McAleese). Im Parlament *(Dáil Éirann)* sitzen 166 Abgeordnete *(Teachtaí Dála),* im Senat *(Seanad Éirann)* deren 60. Die größten Parteien sind *Fianna Fáil* (»Soldaten des Schicksals«), die ebenfalls konservative *Fine Gael* (»Familie der Gälen«) sowie die sozialdemokratische *Labour Party.* Derzeitiger Regierungschef ist Brian Cowen.

Nordirland, das sechs der neun Grafschaften der historischen Provinz Ulster umfasst, ist Teil des Vereinigten Königreichs von Großbritannien und Nordirland. Ab 1972 wurde es von der Londoner Zentralregierung verwaltet ❯ S. 29. Hauptstadt ist Belfast.

Seit November 2003 stellt die radikal-protestantische *Democratic Unionist Party (DUP),* die enge Bindungen an Großbritannien befürwortet, die stärkste Kraft im 1998 konstituierten nordirischen Regionalparlament. 2007 gelang erstmals eine Regierungsbildung mit der *DUP* und *Sinn Féin,* meist als politischer Arm der Provisional IRA gehandelt. Bei den Wahlen zum Regionalparlament im März 2007 siegte die *DUP* (30 % der Stimmen) vor *Sinn Féin* (26 %). Als historisches Signal gilt, dass der Sinn-Féin-Politiker Martin McGuinness als Stellvertreter des First Minister Ian Paisley (der im Mai 2008 zurücktrat) amtierte. Beide Seiten der ehemaligen Bürgerkriegsgegner signalisieren den ernsthaften Willen zur Zusammenarbeit. 2010 drohte jedoch das Regierungsbündnis an einer Justiz- und Polizeireform zu zerbrechen. Erst nach tagelangen Krisensitzungen konnte der Streit beigelegt werden.

Wirtschaft

Seit alters prägt die Landwirtschaft das Gesicht der **Republik Irland,** obwohl heute die Agrarproduktion kaum noch 3 % des Bruttoinlandsprodukts ausmacht und die Industrie längst die Wirtschaft des Landes bestimmt. Wichtigster Dienstleistungssektor ist der Tourismus (jährlich ca. 9 Mio. Besucher). In den letzten Jahren verzeichnete die Wirtschaft hohe Wachstumsraten. 2007 lag die Arbeitslosigkeit unter 5 % und die Kaufkraft und der Exportüberschuss klar über dem EU-Durchschnitt. Doch seit Mitte 2008 befindet sich das Land in einer tiefen Rezession. Für 2010 wird mit einer Arbeitslosenrate von 12 % gerechnet und der Staat ist dramatisch verschuldet.

Die Region um Belfast in **Nordirland** ist seit dem 19. Jh. das führende Industriezentrum Irlands mit bedeutenden Betrieben der Schwerindustrie (Schiffbau, Luftfahrt) und der Textilverarbeitung. Dies verlieh den Auseinandersetzungen um die Teilung eine zusätzliche Dimension. Industrieinvestitionen werden von der britischen Regierung hoch subventioniert, niedrige Löhne sowie schwache Gewerkschaften ziehen amerikanische und asiatische Firmen an.

Geschichte im Überblick

Ab 7000 v. Chr. Aus dieser Zeit stammen die frühesten Belege für die Anwesenheit von Jägern und Sammlern an den Küsten, ab ca. 3000 v. Chr. gibt es Nachweise von Sesshaftigkeit, Landwirtschaft und hoch entwickelter Kulturtätigkeit (Kammergräber).

Ab 500 v. Chr. Die erste belegbare Zuwanderung von Kelten aus Britannien (Eisenzeit).

Um 300 n. Chr. Mit dem Ogham-Alphabet entwickelt sich eine runenähnliche Schrift.

431 Der Papst entsendet Palladius als Bischof nach Irland, was auf die Existenz christlicher Gemeinden vor Ankunft des hl. Patrick hindeutet. Dieser missioniert ab 432 in Irland.

Ab ca. 800 Wikinger fallen ein. Nach anfänglichen Raubfahrten gründen sie Siedlungen (Dublin, Wexford, Waterford, Cork u.a.).

976–1014 Brian Boru, seit 976 König von Munster, erklärt sich 1002 zum irischen Hochkönig und schlägt 1014 die Wikinger entscheidend. Nach seinem Tod im selben Jahr zerfällt das Reich.

Ab 1169 Dermot MacMurrough unterliegt im Kampf um den irischen Thron und bittet den englischen König Heinrich II. um Hilfe. Dessen Anglonormannen erobern große Teile der Insel, bauen Burgen und führen das Feudalsystem ein.

1366 Mit den »Statuten von Kilkenny« will die englische Krone die Assimilierung ihrer Barone verhindern.

1541 Heinrich VIII. von England lässt sich zum König von Irland erklären und beginnt mit der »Reformation« von oben die englische Oberhoheit gegen irische Klanfürsten durchzusetzen.

1607 Nach einer gescheiterten Rebellion gegen Elisabeth I. setzen sich die zwei mächtigsten Fürsten nach Frankreich ab. Diese »Flucht der Grafen« gilt als Ende der gälischen Vormacht in Irland. Jakob I. beginnt mit der systematischen Ansiedlung protestantischer Schotten und Engländer in Nordirland *(Ulster Plantation)*.

1641–1653 Ein Aufstand katholischer Iren gegen die Siedlungspolitik verzeichnet anfängliche Erfolge. Ab 1649 überzieht Oliver Cromwell Irland mit einem Vernichtungsfeldzug.

1688–1691 Der in England abgesetzte Katholik Jakob II. versucht, auf irischem Boden seinen Thron gegen Wilhelm von Oranien zu verteidigen, unterliegt aber in der Schlacht am Fluss Boyne 1690 (> S. 63). Periode der *Protestant Ascendancy*: Das irisch-protestantische Parlament in Dublin erlässt 1691 Strafgesetze, die Katholiken von öffentlichen Ämtern ausschließen, sie des Landbesitzes berauben und ihre Religionsausübung erschweren.

1791–1800 In Belfast wird die Vereinigung der *United Irishmen* gegründet. Mit dem *Act of Union* entsteht das Vereinigte Königreich. Das Dubliner Parlament wird aufgelöst, Irland ist zwangsweise in Westminster vertreten.

1829 Der katholische Politiker Daniel O'Connell setzt im Londoner Parlament ein Gesetz zur Katholikenemanzipation durch.

Ab 1840 In der Auseinandersetzung mit Großbritannien erstarken nationalistische Bewegungen. Neues Interesse an gälischer Kultur (1893 *Gaelic League*) erwacht.

1845–1851 Große Hungersnot.

Ab 1880 *Land League* und *Irish Home Rule Party* kämpfen unter Charles Stuart Parnell um irische Autonomie und Bodenreform.

1905–1908 Die Gruppierung *Sinn Féin* (»Wir selbst«) entsteht.

1912/13 Am 28. Sept. 1912 unterzeichnen fast 75 % aller Ulster-Protestanten ein Gelöbnis, Autonomiebestrebungen »mit allen nötigen Mitteln« zu verhindern. Dieses Gelöbnis soll die *Ulster Volunteer Force* durchsetzen.

1916 Ca. 1800 Freiwillige besetzen am 24. April öffentliche Gebäude in Dublin und rufen unter P. Pearse und J. Connolly die Irische Republik aus. Der Osteraufstand scheitert, gilt aber als Geburtsstunde der irischen Unabhängigkeit.

1918–1923 *Sinn-Féin*-Abgeordnete rufen ein eigenes Parlament in Dublin aus, mit Éamon de Valera als Präsident. Die britische Regierung sendet Truppen. Im anglo-irischen Krieg 1919–21 gewinnt die *Irish Republican Army* die Oberhand. Das irische Parlament nimmt 1922 den anglo-irischen Vertrag zur Gründung eines irischen Freistaats an. Danach können die sechs Grafschaften Nordirlands mit protestantischer Mehrheit selbst über einen Beitritt zum Freistaat entscheiden. Bürgerkrieg zwischen den Kräften, die weiterhin eine gesamtirische Republik wollen, und der vertragstreuen Freistaatsregierung, die siegreich bleibt.

1939 Éire erklärt seine Neutralität im Zweiten Weltkrieg.

1967–1972 Loyalisten greifen Demonstrationen der Bürgerrechtsbewegung an. 1969 senden die Briten Truppen. 1970 spaltet sich die illegal für ein vereinigtes Irland kämpfende IRA. Die *Provisional IRA* verstärkt den »bewaffneten Kampf«. Als britische Soldaten 1972 am »Bloody Sunday« 13 Demonstranten töten, spitzt sich die Lage zu. Das Belfaster Parlament wird aufgelöst, Nordirland von London aus direkt regiert.

1973 Republik Irland und Großbritannien treten der EWG bei.

1995 In der Republik votiert man für das Recht auf Ehescheidung.

1997/98 Volksabstimmung und Wahlen zum neuen nordirischen Regionalparlament.

1999/2000 Das Regionalparlament in Belfast übernimmt Aufgaben der Selbstverwaltung.

2002 Die nordirische Regierung bricht auseinander, London übernimmt bis 2007 wieder die direkte Regierungsgewalt.

2003 Bei den Wahlen in Belfast siegt Ian Paisleys *Democratic Unionist Party* (DUP).
2005 Die IRA schwört dem bewaffneten Kampf ab.
2007 Im Mai wird die neue nordirische Regierung unter Ian Paisley als First Minister vereidigt. In der Republik gewinnt die *Fianna Fáil* erneut die Wahlen.

2008 Die Iren lehnen den EU-Reformvertrag ab.
2009 Beim zweiten Referendum stimmen die Iren für den EU-Reformvertrag.
2010 Die Auswirkungen der Wirtschaftskrise treffen Irland besonders hart. Die Wirtschaftsleistung schrumpft, die Arbeitslosigkeit steigt sprunghaft.

Die Menschen

Zu behaupten, die Iren seien Kelten, ist etwa so sinnvoll wie die Aussage, alle Deutschen seien Germanen. Den keltischen Einwanderern folgten Wikinger, Anglonormannen und Hugenotten sowie schottische und englische Siedler nach Irland.

Sprache

Als wichtigstes keltisches Erbe behielten die Iren ihre gälische Sprache, die noch alte indoeuropäische Eigenheiten aufweist. Ab dem 10. Jh. entwickelte sich aus dem Gälischen das Irische (Westgälisch), das im 18./19. Jh. als Verkehrssprache dem Englischen weichen musste und erst seit der Gründung des Irischen Freistaats 1922 wieder systematisch gefördert wird. Irisch wird heute in der Republik an allen Schulen gelehrt und ist die offizielle Landessprache.

In Umfragen geben etwa 30 % der Bevölkerung in der Republik und gut 5 % in Nordirland an, des Irischen mächtig zu sein, doch nur in den *Gaeltacht* genannten Gebieten – vorwiegend im Südwesten, in den Küstenstrichen von Galway und Mayo sowie in Donegal – wird Irisch noch im Alltag gesprochen, und dies von gerade mal 1 bis 2 % aller Iren. Aber auch hier versteht jeder Englisch. In einigen Gebieten Nordirlands wird der Dialekt Ulster Scot gesprochen.

Religion

Der Katholizismus ist in der Republik Irland de facto Staatsreligion. Zwar belegte der letzte Zensus (2002) sinkende Zahlen, doch bekennen sich noch 88 % der Bevölkerung zur katholischen Kirche (1991 waren es 91,6 %, 1981 ca. 95 %). In den vergangenen Jahren gab es zwar öffentliche Kontroversen um Themen wie Geburtenregelung und Scheidungsrecht, die auf einen schwindenden politischen Einfluss der Kirche schließen lassen, aber im täglichen Leben und im Schulwesen ist sie immer noch allgegenwärtig.

Streng presbyterianischer Protestantismus herrscht, zumindest politisch, in den sechs nordirischen Countys. Obwohl sich 2001 nur 20,7 % der Bevölkerung als Presbyterianer bezeichneten, bekannten sich gut 45 % zu evangelischen Kirchen (inkl. Church of Ireland und Methodisten), gegenüber 40 % Katholiken.

Natur und Umwelt

Die heimischen Eichenwälder, die in vorgeschichtlicher Zeit große Teile der Insel bedeckten, wurden schon früh bis auf wenige geschützte Reste abgeholzt. Die meisten Aufforstungsprogramme der letzten Jahre beschränkten sich auf schnell wachsende Arten von Nutzhölzern.

Typisch für Irland sind heute außer Weideland mit artenreichen Heckenrainen ausgedehnte Moorlandschaften. Neben Hochmooren mit Heidekraut- und Farnbewuchs bedecken die *bogs* weite Flächen. Diese bis zu 10 m tiefen Torfmoore entstehen, wenn sich das Moos *Sphagnum* in tief liegendem Terrain mit schlechter Entwässerung festsetzt. Torfstechen im industriellen Maßstab, z.B. für Torfkraftwerke, aber auch als billiger Heizstoff für private Haushalte, gefährdet die *bogs* ernsthaft, denn erst in den letzten Jahren hat man Maßnahmen zur Erhaltung dieser Biotope eingeleitet.

Die als Wachtelkönig bekannte Ralle gehört zu den meistbedrohten Vogelarten Irlands, doch ist ihre Erhaltung zum Symbol für einen Wandel im Umweltbewusstsein der Bevölkerung geworden – in Donegal und Mayo wird auf Schildern dazu aufgerufen, dem irischen Vogelschutzverband Bescheid zu geben, wenn man den charakteristischen Ruf einer *corncrake* hört. Die Vielfalt an Seevögeln und Meerestieren entspricht der anderer nordatlantischer Küsten, aber kaum irgendwo in Europa kann man so viele Tümmler und Delfine sichten wie vor der irischen Süd- und Westküste.

Schafe sind ein häufiger Anblick in Irlands ländlicher Weite

Kunst und Kultur

Malerei

Garret Morphey gilt als der erste bedeutende irische Porträtist. Wie sein Nachfolger James Latham war er für üppige Farbgebung und Detailtreue bekannt. Die Malerin und Glaskünstlerin Sarah Purser schuf nicht nur selbst bedeutende Werke, sondern brachte auch in der 1901 von ihr ausgerichteten Doppelausstellung die Patriarchen der beiden wichtigsten irischen Künstlerdynastien zusammen: John Butler Yeats und Nathaniel Hone d.J.

Von John B. Yeats stammen Porträts berühmter Zeitgenossen, darunter auch Bilder von seinen Söhnen, dem Dichter William Butler Yeats und dem heute berühmtesten irischen Maler, Jack B. Yeats. Jacks impressionistische Landschaftsgemälde und Darstellungen des Alltags der Bevölkerung von Dublin oder Sligo begründeten seinen Ruhm, doch betätigte er sich auch als Illustrator und Gebrauchsgrafiker. Seine Nichte Anne Yeats ist mit Stillleben und Landschaftsbildern bekannt geworden.

Aus der Familie Hone stammt neben Nathaniel, der lange Jahre in Frankreich verbrachte und dessen Bilder irischer Landschaften stark von der Schule von Barbizon beeinflusst sind, auch Evie Hone, die nach dem Studium in Paris den Einfluss des Kubismus nach Irland brachte und in ihren berühmten Glasmalereien umsetzte.

Literatur

Die Literatur in irischer Sprache florierte von frühchristlicher Zeit bis zur Unterdrückung der Sprache im 17. und 18. Jh. Sagen und Legenden auf Altirisch (ca. 600–900 n. Chr.) sind in später niedergeschriebenen Manuskripten erhalten.

Irlands englischsprachige Literatur hat seit Ende des 17. Jhs. Werke von Weltrang aufzuweisen. Literaturhistoriker streiten jedoch darüber, ob Schriftsteller der *Protestant Ascendancy* wie Nahum Tate und der große Jonathan Swift nicht eigentlich – ungeachtet des »Zufalls« irischer Geburt – der englischen Literatur zuzurechnen seien.

Bei Oscar Wilde und George Bernard Shaw stellt sich die gleiche Frage wie bei Swift: Zwar werden deren Wortgewalt und ihr Sinn für Ironie auf ihre irische Herkunft zurückgeführt, aber sie bewegten sich stets in den literarischen Kreisen Londons und beschäftigten sich kaum mit irischen Themen.

Zu den heute bekanntesten Namen einer englischsprachigen Literatur, die von Stil und Inhalt her für Irland spezifisch ist, zählen Lady Isabella Gregory, William Butler Yeats, John Millington Synge und Sean

O'Casey. James Joyce (1882–1941), dessen epochaler Roman »Ulysses« in Triest, Zürich und Paris entstand, ist der berühmteste einer langen Reihe irischer Autoren, die aus der Ferne detaillierte Schilderungen ihrer Heimat lieferten, unter ihnen William Trevor und Edna O'Brien. Der nach Paris ausgewanderte Samuel Beckett schrieb gar ab 1948 alle seine Werke auf Französisch, darunter »En attendant Godot«. Weltweite Bekanntheit als moderne Repräsentanten irischer Literatur erlangten der Dramatiker Brian Friel (»Dancing at Lughnasa«) und Roddy Doyle, dessen Romane, u.a. »The Commitments«, verfilmt wurden, sowie Frank McCourt, Autor von »Die Asche meiner Mutter«. Seamus Heaney erhielt 1995 (als vierter Ire nach Yeats, Shaw und Beckett) den Nobelpreis für Literatur.

Ginge es allein nach der Popularität, gebührt Maeve Binchy ein Spitzenplatz, denn ihre Kurzgeschichten und Romane erobern immer wieder die internationalen Bestsellerlisten.

Musik und Tanz

In Irland wird von jeher die Verbindung von Elementen der Kunst- und Volksmusik gepflegt. So stand etwa der blinde Harfenist Turlough Ó Carolan in der Tradition keltischer Barden und komponierte im 17. Jh. in der Form überlieferter Tanzweisen, übernahm aber auch Elemente der italienischen Barocktradition.

Séan Ó Riáda, der serielle Musik schrieb, bemühte sich in den 1950er-Jahren um die Wiederbelebung der traditionellen Musik. Aus dem von ihm gegründeten Konzertensemble ging die berühmte Folkgruppe »The Chieftains« hervor.

Aus der Geisterwelt

Geheimnisvolle Wesen (*Daoine sidhe*, das »gute Volk«) bevölkern seit vorchristlicher Zeit die irischen Volksmythen und sind bis heute im Bewusstsein verwurzelt. Zu ihnen gehören bösartige Zwerge, *leprechauns*, die den Feenschatz am Ende des Regenbogens bewachen, *banshees*, weibliche Geister, deren Heulen vom herannahenden Tod kündet, und Quälgeister wie die *púka* oder *pooka*, die sich in Pferde oder Ziegenböcke verwandeln und Menschen entführen. Trotz ihrer abschreckenden Eigenheiten sind sie stets als »the good people« zu bezeichnen, um sie wohlgesonnen zu stimmen. Um ein Übriges zu tun, stellt man über Nacht eine Schüssel mit Milch aufs Fensterbrett – die *sidhe* sind leicht zufrieden zu stellen und können positiven Einfluss ausüben. Zu *Samhain*, dem altirischen Fest des Winters und der Toten (heute als Hallowe'en bekannt und über die USA auch zu uns exportiert), kommen sich nach überlieferter Vorstellung die Menschen- und die Geisterwelt besonders nahe.

Überaus erfolgreich auf internationalen Bühnen sind seit Mitte der 1990er-Jahre die irischen Tanzshows »River Dance« und »Lord of the Dance«. Die Darbietungen der bis zu 80 Tänzer verknüpfen traditionelle Elemente irischen Tanzes schwungvoll mit moderner Choreografie.

Architektur und angewandte Kunst

Glanzvolle Paradebeispiele für die Umsetzung archetypischer keltischer Ornamentik bei Metallarbeiten sind die berühmte Tara-Spange und der Ardagh-Kelch aus dem 8. Jh., zu bewundern im National Museum von Dublin ❯ S. 49. Einen Höhepunkt der europäischen Buchillustration stellt das Book of Kells ❯ S. 48 aus dem 9. Jh. mit seinen filigranen Dekorationen und Figuren dar, wie man sie ähnlich auch auf den vielen Hochkreuzen aus derselben Zeit findet.

Romanische (und bald darauf gotische) Kirchen entstanden ab dem 11. Jh. (Cormac's Chapel, Cashel, »Black Abbey«, Kilkenny). Als die Anglonormannen Irland im 12. Jh. kolonisierten, brachten sie ihre Burgenarchitektur mit (Trim Castle, Bunratty Castle), und spätere Zuwanderer hielten es genauso: In Ulster entstanden im 17. Jh. befestigte Turmhäuser im schottischen Stil.

Klassizistische Stilrichtungen wie der Palladianismus bestimmten ab dem 18. Jh. die irische Repräsentationsarchitektur. Die Vorbilder waren importiert, aber einige irische Baumeister leisteten Bedeutendes, insbesondere in Dublin: Thomas Burgh entwarf die Bibliothek des Trinity College ❯ S. 47, Sir Edward Lovett Pearce das Parliament House. 50 Jahre später gelangten englische Architekten zu Prominenz: James Gandon baute das Custom House ❯ S. 51 und die Four Courts ❯ S. 51; James

---

Irische Musik – Überall in den Charts

Freunde irischer Musik und solche, die es noch werden wollen, sollten nach diesen Platten und CDs Ausschau halten:

■ **Enya** Watermark (1988); Shepherd Moons (1991); The Celts (1992); A Day Without Rain (2000); And Winter Came … (2008).

■ **The Dubliners** In Concert (1965); Live At The Albert Hall (1969); 15 Years On (1977); Together Again (1979); Live At Vicar Street (2006).

■ **Sinéad O'Connor** The Lion And The Cobra (1987); I Do Not Want What I Haven't Got (1990); So Far… The Best Of Sinéad O'Connor (1997); Collaborations (2005).

■ **Fionn Regan** The End Of History (2006).

■ **Mary Black** Collected (1984); Babes In The Wood (1991); Wonder Child (1996); Speaking With The Angels (1999), Full Tide (2005).

■ **Thin Lizzy** Thunder And Lightning (1990); Jailbreak (1996); Whiskey In The Jar (1996).

Wyatt entwarf mehrere große Landhäuser wie das Castle Coole › S. 132. Die anglo-irische Vorherrschaft ließ Mitte des 19. Jhs. den viktorianischen Monumentalismus auf Irland übergreifen: Zahlreiche Banken, Landhäuser und Kirchen wurden in historisierenden Stilrichtungen neu erbaut (St. Finbarre's Cathedral in Cork beispielsweise ist ein verblüffendes neugotisches Gebilde) oder der neuesten Mode entsprechend umgestaltet (aus dem Turmhaus Tullira Castle in Galway entstand um 1880 ein Palais im nachgeahmten Tudorstil).

Der Modernismus des 20. Jhs. hielt in Irland erst spät Einzug (Flughafen Dublin, 1941 von Desmond FitzGerald erbaut), spiegelt sich dann aber in zahllosen modernen Kirchen wider.

Initiale des Markus-Evangeliums im Book of Kells

Traced by Angels

Die Kelten hatten nicht nur ihre hohen handwerklichen Fähigkeiten in der Schmiedekunst nach Irland mitgebracht, sondern auch ihren eigenen dekorativen Stil. Schmuck, Waffen und Geräte verzierten sie mit komplizierten abstrakten Mustern aus ineinander geschlungenen Linien. Zwischen dem 7. und 12. Jh. entstanden aus dem reichen dekorativen Schatz keltischen Ursprungs feinste Metall- und Emailkunstwerke.

Herausragend sind auch die wundervollen Buchilluminationen der berühmten Evangeliare: des Book of Durrow (entstanden um 680 und damit wohl die älteste erhaltene Übersetzung der Evangelien in Irland) und des Book of Kells (um 800), die beide in der Trinity College Library in Dublin aufbewahrt werden. Während das in Book of Durrow ungeachtet der kunstvoll ausgeführten Buchmalerei noch vergleichsweise streng und schlicht wirkt, ist das Book of Kells › S. 48 überreich geschmückt.

Anonyme Künstler schufen vielfarbige fantasievolle Fabelwesen, streng blickende Figuren, unzählige, immer neue Ornamente. Die Komplexität der Linienführung erschien den damaligen Zeitgenossen nicht als Menschenwerk, sondern von Engelshand vollführt – *traced by angels*.

Singing Pubs und Sessions

In einem Winkel ihrer Dorfkneipe in Mayo sitzen drei ältere Männer. Von dort erhebt sich, über dem Stimmengewirr an der Theke erst allmählich erkennbar, eine Melodie mit gälischem Text. Die anderen Gäste verstummen, und als der Gesang endet, wird nicht geklatscht, aber einige der Anwesenden murmeln ein anerkennendes »grand«. Nun beginnt einer der drei Männer auf seiner Flöte zu spielen. Es folgt ein Reel auf der Fiddle, und daraus werden lange Stunden voll Musik.

Die Session (irisch: seisiún)

Eine echte Session kostet weder Eintritt, noch findet sie auf einer Bühne statt. So formlos das auch wirkt, es sind doch bestimmte Regeln einzuhalten: Wer ohne Aufforderung mitklatscht oder gar mitsingt, muss als Mindeststrafe mehr für sein Bier zahlen (Touristenverdacht!). Unwillen ziehen jene auf sich, die in der Pause zur liegen gebliebenen Bodhrán oder Gitarre greifen, um selbst etwas zum Besten zu geben. Wer sich allerdings höflich als kompetenter Musiker vorstellt, wird meist gern in die Runde aufgenommen.

Die Gralshüter

Über die Tradition der irischen Musik wacht Comhaltas Ceoltóirí Éireann (CCÉ), die Vereinigung irischer Musiker. Ihr großes Verdienst ist das unermüdliche Bemühen um die Ausbildung junger Iren in ihrer überlieferten Kultur. Sollten Sie unterwegs eine **Com-**

haltas Session angekündigt sehen, gehen Sie hin! Dort können
Sie die besten jungen Tänzer, Sänger und Instrumentalisten der jeweiligen Region erleben.

Die CCÉ informiert über regionale Tanz-, Gesangs- und Instru-
mentalwettbewerbe sowie ihr
jährliches Festival *Fleadh Cheoil
na hÉireann* mit Final-Wettbe-
werben, Konzerten und Sessions.

Comhaltas Ceoltóirí Éireann
32 Belgrave Square][Monkstown
Co. Dublin][Tel. 01/280 0295
www.comhaltas.com

Bekannte Musikpubs

Dublin
■ **Brazen Head**
20 Bridge St.][Tel. 01/ 679 5186
www.brazenhead.com
■ **Hughes**
19 Chancery St.][Tel. 01/872 6540
■ **O'Donoghue's**
5 Merrion Row][Tel. 01/660 7194
www.odonoghues.ie.
Killarney
■ **The Danny Mann Inn**
97 New St.][Tel. 064/31640
■ **Buckley's**
College St.][Tel. 064/ 31037
www.arbutuskillarney.com
Gehört zum Arbutus Hotel
Galway City
■ **Tigh Neachtain**
17 Cross St.][Tel. 091/568820
www.tighneachtain.com
■ **Monroe's Tavern**
Dominick St.][Tel. 091/583397
www.monroes.ie
Sligo
■ **Fureys Sheela Na Gig**
Bridge St.][Tel. 091/43825
Die Besitzer spielen bei »Dervish« mit.

Cork
■ **The Lobby Bar**
Union Quay][Tel. 021/431 1113
Weltbekannt für gute, nicht immer
traditionelle irische Musik.
Derry
■ **Dungloe Bar**
Waterloo St.][Tel. 02871/ 267716
www.thedungloebar.com
■ **Peadar O'Donnells**
63 Waterloo St.][Tel.02871/372138
www.peadars-gweedorebar.com

Für Entdeckungen
■ **The Thatch**
Ballisodare][Co. Sligo
(ca. 8 km südl. von Sligo Town)
Tel. 071/916 7288
Treffpunkt einheimischer Musiker.
■ **Pepper's Bar**
Feakle][Co. Clare
(ca. 35 km nordöstl. von Ennis)
Sessions jeden Mittwoch
■ **Kelly's Cellar**
30/32 Bank St.][Belfast
Tel. 028/9032 4835
Richtig schlicht, dafür viel Stimmung
und viel Musik.

Feste und Veranstaltungen

März: St. Patrick's Day am 17. März Tag des irischen Schutzpatrons; wird zwar besonders heftig von ausgewanderten Iren, aber auch in Irland selbst mit Paraden, Prozessionen, Pilgerzügen und viel Bier gefeiert; **World Irish Dancing Championships** Weltmeisterschaften im Irischen Tanz an jährlich wechselnden Austragungsorten.

Mai: Galway Early Music Festival Festspiele alter Musik, deren Veranstaltungen selten auf den Konzertsaal beschränkt bleiben.

Mai/Juni: Belfast Lord Mayor's Festival Großes Kulturfestival in Belfast mit Straßenumzug als Höhepunkt.

Juni: Bloomsday Literary Festival am 16. Juni in Dublin; steht für alle James-Joyce-Fans ganz im Zeichen des Romans »Ulysses«; **Irish Derby The Curragh** Wichtigster Termin der Galoppsportsaison.

Juli: Orangemen's Day am 12. Juli Wichtigster protestantischer Feiertag vor allem in Nordirland mit Paraden in Belfast, Derry und vielen anderen Orten.

August: Dublin Horse Show Wichtigste Veranstaltung im Turniersport; **Puck Fair** in Killorglin; dreitägiger Viehmarkt und Fest, bei dem ein Ziegenbock zum König des Dorfes gekrönt wird; **The Ould Lammas Fair** in Ballycastle; traditioneller Jahrmarkt; **Fleadh Ceoil na hÉireann** Gesamtirisches Musikfestival an wechselnden Austragungsorten.

September: Matchmaking Festival of Ireland Heiratsmarkt in

Zuschauerinnen bei der Dublin Horse Show

Lisdoonvarna; **Oyster Festivals** in Clarinbridge und Galway City; Austernfeste mit viel Trubel, nicht nur für Gourmets; **Dublin Theatre Festival** (bis Okt.); Theateraufführungen in allen großen Dubliner Theatern während eines Monats.
Oktober: Wexford Opera Festival Internationale Opernstars zu Gast in Wexford; **Cork Jazz Festival** Regelmäßig Jazz-Größen zu Gast; **Ballinasloe Great October Fair** Größter Pferde- und Viehmarkt Irlands.
November: Belfast Festival, Queen's University, Belfast; eines der größten Kunst- und Kulturfestivals der Britischen Inseln. Die Fremdenverkehrszentralen versenden gerne den offiziellen Veranstaltungskalender.

Essen und Trinken

In größeren Städten finden sich Dutzende von Restaurants, die internationalen Ansprüchen genügen oder Spezialitäten anderer Länder servieren. Die gehobenen Hotels auf dem Land bemühen sich um angemessene Küche, und in jedem Winkel des Landes warten gastronomische Genüsse.

Besucher kommen am engsten in Kontakt mit echt irischer Küche, wenn sie sich in Bed-&-Breakfast-Unterkünften einquartieren oder einen Urlaub auf dem Bauernhof verbringen. Dabei werden sie erfahren können, was immer wieder berichtet wird: Die Iren essen zu viel.

Mit dem Frühstück geht es schon los: Neben den auf den Britischen Inseln üblichen Eiern mit Speck und Würstchen kommen meist *black* und/oder *white pudding* auf den Tisch – gebratene Scheiben einer Blut- bzw. Leberwurst. Dazu gibt es oft selbst gebackenes, krümeliges braunes *soda bread* aus Weizenvollkornmehl, gesalzene Butter und so viel Tee mit Milch, wie man vertragen kann (aber niemand muss in Irland auf Kaffee verzichten).

Viele Pubs und Restaurants, vor allem auf dem Land, servieren richtige Mahlzeiten nur von etwa 12 bis 14 und 18 bis ca. 22 Uhr.

Nationalgericht

Das allbekannte *Irish Stew* ist eigentlich ein Oberbegriff für Dutzende von Rezepten für jenes Gericht, das fast überall in Europa für bäuerliche Kochweise auf einer einzigen Feuerstelle typisch ist: Eintopf aus Fleisch und Gemüse. Im Norden Irlands darf das Stew nur aus Hammelfleisch, Kartoffeln und Zwiebeln bestehen, im Süden gibt man gern Karotten dazu, und Fanatiker aus Tipperary bestehen gar darauf, dass statt Hammel Rindfleisch in den Topf gehöre.

Gute Adressen online:

■ **www.tasteofireland.com** bietet u.a. Adressen und Kurzbesprechungen vieler Restaurants.

■ **www.tourismresources.ie/pubsofireland** empfiehlt irische Pubs mit gutem Essen, Musik etc.

■ **www.ireland-guide.com** stellt Restaurants und Pubs mit guter Küche aus ganz Irland detailliert vor.

Traditionelle Küche

Die traditionelle Küche stützt sich nach wie vor auf Kartoffeln, wenig Gemüse sowie Schweine-, Hammel- oder Rindfleisch. Dabei ist der Fleischkonsum der Iren gar nicht einmal besonders hoch, abgesehen von Würstchen, Schinken und Speck. Viele Rezepte in älteren Kochbüchern (und in modernen Interpretationen der »guten alten Zeit«) beruhen auf Corned Beef, das mit Weißkohl gekocht oder im Winter mit Muskat, Zimt und anderen Gewürzen als *spiced beef* zubereitet wird.

In Irland werden mehr Frischmilch und Milchprodukte verbraucht als sonst irgendwo in der EU. Dagegen kommt pro Kopf nur halb so viel Fisch auf den Tisch wie bei den Spaniern. Für eine Insel im Atlantik mag das erstaunen, doch zumindest in der gehobenen Gastronomie wird die Vielfalt an Meerestieren weidlich genutzt: Austern und Hummer von der Westküste sowie irischer Lachs sind weltbekannt.

Einige lange vernachlässigte Spezialitäten werden heutzutage wieder häufiger angeboten, zum Beispiel *Crubeens* (Schweinshaxe), *Drisheen* (Black Pudding aus Schafsblut), *Barm Brack* (ein süßes Früchtebrot), *Colcannon* (ein traditionelles Fastengericht aus Kohl, Kartoffeln, Milch, Butter und Zwiebeln) und *Carrageen Pudding* (süßer Milchpudding, bei dem die Milch mit Seetang eingedickt wird).

Mehr als Fish'n'Chips

■ Der Pier von Howth liegt so dicht am **King Sitric,** dass man den Fisch eigentlich gleich von dort in die Pfanne werfen könnte. Frische Zutaten und einfallsreiche Köche machen die Beliebtheit dieses Restaurants aus. ❯ S. 56

■ **Aherne's Seafood Restaurant** in Youghal ist ein preisgekröntes Spitzenrestaurant und der Traum aller Liebhaber von Meeresfrüchten. ❯ S. 89

■ In Irland muss man einfach Fish and Chips probieren. Am besten im **Beshoff's,** einem Dubliner Traditionsrestaurant, das sich seit 1913 um seine Gäste kümmert. ❯ S. 54

■ Kinsale nicht weit von Cork ist als Gourmetstadt in ganz Irland bekannt und **Man Friday** *das* Fischrestaurant in der Stadt. ❯ S. 90

■ **The Ivory Tower** in Cork wurde vom Observer als eines der besten Restaurants der britischen Inseln gelobt. ❯ S. 85

Irischer Whiskey reift in Eichenfässern

Alkoholisches

Zwei Getränke mehren das Ansehen Irlands in der Welt: Whiskey und Stout. Das legendäre Schwarzbier der Dubliner Guinness-Brauerei ist allgegenwärtig, aber auch die Konkurrenz aus Cork hat es in sich: »Murphy's« ist nicht so stark gehopft und darum weniger bitter, und von »Beamish« sagt man, es schmecke so wie Guinness früher einmal.

Irlands eigenständige Whiskey-Tradition geht auf die Lizenz von Bushmills aus dem Jahr 1608 zurück. Vom schottischen Whisky unterscheidet sich der irische Whiskey (außer durch das »e«) dadurch, dass er in der Regel drei- statt zweimal destilliert und oft in Brennblasen (*pot stills*) aus ungemälztem Getreide hergestellt wird, was ihn sanfter macht. Dann hat der Whiskey mindestens fünf Jahre Zeit, um in Eichenfässern zu reifen. In jeder Kneipe der Republik gibt es den köstlichen »Power's«-Whiskey mit seinem hohen Anteil an *pot-still*-Destillat und ungemälzter Gerste. Irische Brennereien präsentiert die Website www.thewhiskyguide.com/Irish/Irish_Whiskey.html.

Als Irland als das Armenhaus Europas galt, war vor allem in ländlichen Regionen das Schwarzbrennen von Hochprozentigem weit verbreitet. Aus Kartoffeln stellte ein Großteil der Bevölkerung Poitín, einen fast farblosen Schnaps, her. Obwohl seit 1760 verboten, wird der Rachenputzer noch heute – nicht zuletzt aufgrund der hohen Alkoholsteuer – vielerorts privat gebrannt.

Wenn Poitín angeboten wird, sollte man vorsichtig sein. Oft ist der Schnaps (wenn überhaupt) nur stark verdünnt genießbar. Zudem sind immer wieder Warnungen zu hören, schlecht gebrannter Poitín könne blind machen …

Unterwegs in Irland

Entdecken Sie die einzelnen Reiseregionen –
jeweils mit den schönsten Touren, allem
Sehens- und Erlebenswerten, Hotel-, Restaurant-,
Nightlife- und Shoppingtipps

**Dublin

Nicht verpassen!

- Das Book of Kells und Trinity College
- Einen gemütlichen Kneipenbummel in Temple Bar
- Die tolle Aussicht vom Pub des Guinness Storehouse
- Einen Ausflug nach Howth und Malahide

Zur Orientierung

Die Hauptstadt der Republik spielt als Verwaltungs- und Medienzentrum, als Magnet für Künstler und Akademiker und als Zuflucht für Iren, die provinzieller Enge zu entkommen versuchen, eine einzigartige Rolle im Land. Oft ist zu lesen, Dublin habe mit dem wahren Irland ländlicher Gemütlichkeit nichts gemeinsam, und in der Tat ist die Stadt kosmopolitischer, aber auch lauter, greller und voller geworden. Doch weist sie weder eine prominente Skyline noch geballte historische Bausubstanz, weder imperiale Boulevards noch eine kompakte, verwinkelte Altstadt auf.

Von allem bietet Dublin ein wenig, bescheiden verteilt und selten aufdringlich herausgeputzt. Bis 1985 wurde alte Bausubstanz oft rücksichtslos abgerissen. Noch in den 1970er-Jahren verschwanden ganze Straßenzüge jener Stadthäuser aus dem 18. Jh., für die Dublin berühmt ist. Glücklicherweise führten Tausendjahrfeier (1988) und Ernennung zur Europäischen Kulturhauptstadt (1991) sowie der Druck von Bürgerinitiativen dazu, dass heute Sanierung und Neubebauung mit mehr Umsicht betrieben werden. Trotzdem verändern große Bauvorhaben Dublin immer noch in rasendem Tempo.

Das James-Joyce-Denkmal in der Dubliner Earl Street

Touren durch die Stadt

Südlich des River Liffey

— 4 — Dublin Castle › Temple Bar › Trinity College › Museen › Merrion Square › St. Stephen's Green › Dublins Kathedralen › Guinness Storehouse

Dauer: 4 Std.
Praktische Hinweise: Bis auf das etwas abseits liegende Guinness Storehouse sind alle Sehenswürdigkeiten problemlos zu Fuß zu erreichen. Wer trotzdem fußmüde ist, kann zwischendurch immer mal wieder den »Hop on Hop off Bus« benutzen.

Ein guter Ausgangspunkt für die Erkundung der Stadt ist das mächtige **Dublin Castle** › S. 47, wo auch Führungen angeboten werden. Von hier sind es nur wenige Schritte nach ****Temple Bar** › S.47, dem berühmten Amüsierviertel zwischen der Dame Street und dem Liffey. Einige Straßenzüge östlich von Temple Bar steht einer der Prunkbauten Dublins, das ****Trinity College** › S. 47, in dessen Bibliothek das berühmte ****Book of Kells** › S. 48 aufbewahrt wird. Architektonisch herausragend ist auch das **Powers-**

45

court Townhouse Centre › S. 48 mit vielen Cafés und Läden.

Nun könnten einige Museumsbesuche folgen: Im ****National Museum of Archaeology and History** › S. 49 lässt sich irische Kulturgeschichte erkunden, während die ****National Gallery** › S. 49 Meisterwerke europäischer Kunst, aber auch wichtige Werke irischer Maler zeigt.

Entspannung und Ruhe bieten anschließend die Dubliner Parks. Der kleine **Merrion Square** östlich der Museen gilt als der schönste Park aus georgianischer Zeit und ist von vielen der für Dublin typischen Backsteinhäuser gesäumt. Von dort führt ein kurzer Abstecher zum **Georgian House Museum** › S. 50. Einige schöne alte Häuser säumen auch den weit größeren Park ****St. Stephen's Green** › S. 50.

Von hier ist es nicht weit zur berühmten ***St. Patrick's Cathedral** › S. 50 und zur zweiten großen mittelalterlichen Kathedrale Dublins, der ***Christ Church Cathedral** › S. 50.

Auf dem Weg zum **Guinness Storehouse** › S. 52, wo man die Tour mit einem Glas des köstlichen dunklen Biers ausklingen lässt, durchquert man **The Liberties**, das reizvolle alte Wohnviertel der Arbeiter der Guinnessbrauerei, wo sich eine ganze Reihe von netten Antiquitäten- und Kramläden angesiedelt haben. Im Oktober 2007 riefen die Pläne der Stadtverwaltung, das Viertel zum Sanierungsgebiet zu machen, große Proteste der Bewohner hervor.

Nördlich des River Liffey

5 **Custom House** › **O'Connell Street** › **Dublin City Gallery the Hugh Lane** › **Dublin Writers Museum** › **Irish Whiskey Corner** › **National Museum of Decorative Arts and History**

Dauer: 3–4 Std.
Praktische Hinweise: Für den Hinweg benötigt man zu Fuß 3–4 Std., für den Rückweg bietet sich die Fahrt mit der Straßenbahn an.

Schon von Weitem erblickt man das imposante **Custom House** › S. 51 am Nordufer des Liffey.

Westlich davon beginnt der Prachtboulevard Dublins, die knapp 50 m breite **O'Connell Street** › S. 51, an deren nördlichen Ende, am Parnell Square, sich zwei der Museen auf dieser Tour befinden: die **Dublin City Gallery the Hugh Lane** und das **Dublin Writers Museum** › S. 51.

Auf dem Weg über die Dorset Street nach Süden kommt man an der Henrietta Street mit einstigen Adelsresidenzen und den **Kings Inns** › S. 51 vorbei.

Ein Anziehungspunkt für Whiskeyliebhaber ist der **Irish Whiskey Corner** › S. 52 in der Bow Street westlich der **Four Courts** › S. 51. Ein Stück weiter am Fluss entlang in Richtung Westen endet der Spaziergang mit einem Besuch des **National Museum of Decorative Arts and History** › S. 51.

Unterwegs in Dublin

Das Zentrum

Dublin Castle

Das Schloss ist ein guter Ausgangspunkt für die Erkundung der Stadt (Mo–Fr 10–16.45, Sa, So 14–16.45 Uhr, www.dublincastle.ie). Führungen durch die Repräsentationsräume samt Thronsaal geben Einblick in die Geschichte, wurde doch Irland von hier aus jahrhundertelang regiert.

**Temple Bar

Zwischen Dame Street und Liffey liegt das Viertel Temple Bar. Seine Gassen mit Häusern aus dem 17. bis 19. Jh. wurden lange vernachlässigt. Seit die Verwaltung auffiel, wie beliebt Temple Bar bei Einheimischen wie Touristen ist, betreibt sie die Verschönerung mit Feuereifer. Heute sind die rund 200 Kneipen und Restaurants von Temple Bar eines der Topziele Dublins. Ein besonderes Juwel ist das **Irish Film Centre** (6 Eustace St., www.irishfilm.ie): zwei Kinosäle, Archiv, Buchladen, eine Bar und ein sehr anständiges Restaurant. Von Temple Bar aus führt seit 1816 die hübsche Fußgängerbrücke **Ha'penny Bridge** über den Liffey – sie ist ein Wahrzeichen Dublins.

**Trinity College

1592 wurde das Trinity College, die erste Universität Irlands, von der englischen Königin Elisabeth I. gegründet. Einen Besuch lohnt allein schon seine Bibliothek, in der neben vielen anderen wertvollen Bänden auch das rund 1200 Jahre alte, prachtvoll illustrierte **Book of Kells** zu besichti-

Der Long Room im alten Bibliotheksgebäude des Trinity College

gen ist (**>** unten; Bibliothek: Mo bis Sa 9.30–17, Mai–Sept. So 9.30 bis 16.30, sonst So 12–16.30 Uhr www.tcd.ie).

Am Haupteingang (College Green) starten von Mitte Mai bis September ab 10.15 Uhr alle 40 Min. **Führungen** samt Besichtigung des Book of Kells.

Celtic Note in der **Nassau Street** (südl. des Trinity College) bietet eine Riesenauswahl an irischer Musik. Außerdem ballen sich hier die Läden, die auf gehobenes irisches Kunstgewerbe spezialisiert sind: **Kilkenny Design Centre, Blarney Woollen Mills, House of Ireland**. **Dublins elegantestes Einkaufsviertel** ist die Fußgängerzone der **Grafton Street** z.B. mit dem traditionsreichen Kaufhaus **Brown Thomas** (**Nr. 88–95**). Auch in den umliegenden Nebenstraßen warten verführerische Geschäfte und Boutiquen..

Echt gut!

**Book of Kells
1 Das überreich geschmückte Book of Kells in der Bibliothek des Trinity College gilt als eines der schönsten und kunstvollsten Werke der europäischen Buchmalerei. Seine Entstehungsgeschichte ist jedoch umstritten: Mönche auf der schottischen Insel Iona sollen ihre Arbeit an dem Buch unterbrochen haben, um es vor den einfallenden Wikingern nach Irland in Sicherheit zu bringen. Dort wurde das Evangeliar wahrscheinlich im Kloster Kells vollendet. (Öffnungszeiten und Führungen **>** Trinity College.)

Powerscourt Centre

Das Powerscourt Townhouse Centre mit überdachtem Innenhof und vielen Cafés, Galerien und Designerläden wurde in ein entkerntes Stadthaus des 18. Jhs. hineingebaut (www.powerscourt centre.com). Nebenan stellt das **Civic Museum** in 58 South William Street Pläne, Skizzen und Aquarelle von Dublin aus.

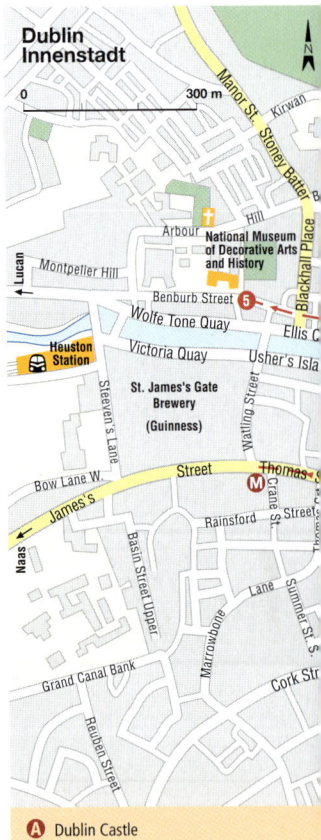

Dublin Innenstadt

A Dublin Castle
B Trinity College
C National Museum of Archaeology and History

Die großen Museen

Irische Kulturgeschichte in all ihrer Pracht zeigt das **National Museum of Archaeology and History** 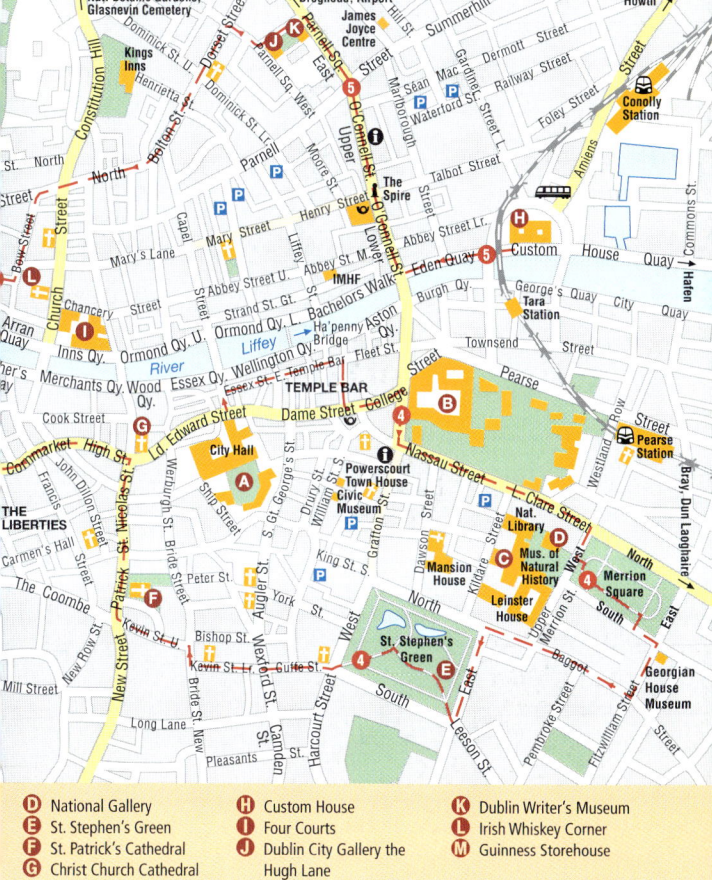 C anhand der berühmtesten keltischen Metallarbeiten. Überaus ehenswert und gut präsentiert sind auch die prähistorischen Goldarbeiten, die Funde aus der Wikingerzeit sowie die mittelalterlichen Exponate (Di–Sa 10–17 Uhr, So 14–17 Uhr, Eintritt frei; www.museum.ie).

Die **National Gallery** D hütet neben den üblichen Meisterwerken europäischer Kunst eine Sammlung mit vielen der wichtigsten Werke irischer Maler aus dem 17. bis ins 20. Jh. (Mo–Sa 9.30–17.30, Do 9.30–20.30 Uhr, So 12–17.30 Uhr, Eintritt frei; www.nationalgallery.ie).

D	National Gallery	H	Custom House	K	Dublin Writer's Museum
E	St. Stephen's Green	I	Four Courts	L	Irish Whiskey Corner
F	St. Patrick's Cathedral	J	Dublin City Gallery the	M	Guinness Storehouse
G	Christ Church Cathedral		Hugh Lane		

Markt in der Moore Street

Nach einer umfassenden Renovierung zeigt das **National Museum of Natural History** in seinem viktorianischen Gebäude an der Merrion Street seit Frühjahr 2010 wieder die großen Sammlungen irischer und eingeführter Land- und Wasserbewohner (Di–Sa 10–17 Uhr, So 14–17 Uhr, Eintritt frei; www.museum.ie).

Einen Einblick in die Wohnverhältnisse gegen Ende des 18. Jhs. gibt das **Georgian House Museum** (29 Fitzwilliam St. Lower, Di bis Sa 10–17, So 12–17 Uhr).

****St. Stephen's Green E**

Am Südende der Grafton Street beginnt der 11 ha große Park mit schöner Bebauung rundherum. In den 1960er- und 70er-Jahren wurden mehrere der georgianischen Häuser abgerissen, sodass

man nun die modernen Bauten westlich des Parks mit den Imitaten vergangener Eleganz an der Ostseite und den Originalbauten vergleichen kann.

Im Innern des Parks stehen mehrere Statuen berühmter Dubliner, an seinem nordwestlichen Eingang erhebt sich der Triumphbogen **Fuselier's Arch.**

Dublins Kathedralen

Die Anfänge der ***St. Patrick's Cathedral F** reichen in das 12. Jh. zurück, doch in der heutigen (gotischen) Form wurde sie 1220–1270 erbaut. Die Kathedrale entstand als katholische Kirche, wurde aber während der *Protestant Ascendancy* im 18. Jh. anglikanisch.

Die zweite große mittelalterliche Kathedrale Dublins ist die heute ebenfalls anglikanische ***Christ Church Cathedral G**. Sie wurde zwischen 1173 und 1220 errichtet, dann aber 1875 weitgehend umgebaut; die ursprüngliche Krypta blieb jedoch erhalten.

Informationen über die Geschichte der beiden Kathedralen und die Entstehung der Stadt von der Ankunft der Anglonormannen 1170 bis zur Reformation um 1540 vermittelt gegenüber der Christ Church Cathedral in der Synod Hall die multimediale Ausstellung **Dublinia** (März–Sept. tgl. 10–17, sonst tgl. 10–16.30 Uhr, www.dublinia.ie; Führungen schließen die Besichtigung der Kathedrale mit ein).

Nördlich des Liffey

Am Nordufer des Flusses erhebt sich das eindrucksvolle klassizistische **Custom House** ⑪. Von ihrer Anlage her ist die **O'Connell Street** der Prachtboulevard Dublins, was durch zahlreiche Statuen irischer Patrioten unterstrichen wird, doch macht die Straße einen etwas biederen Eindruck. Ähnliches gilt auch für die Einkaufsstraßen um Henry Street und Moore Street mit **Dublins größtem Obst- und Gemüsemarkt.** Auf der O'Connell Street ragt das neueste Wahrzeichen der Stadt, die nachs beleuchtete Metallnadel **The Spire** 120 m hoch empor. Am Fuß misst ihr Durchmesser 3 m, an der Spitze nur noch 15 cm.

Ein weiterer interessanter Bau steht an der Henrietta Street: **Kings Inns.** Entworfen wurde er von James Gandon, der auch das Custom House und das Gerichtsgebäude am Inns Quay, die **Four Courts** ⑪, gebaut hat.

Museen

Am Ende von Upper O'Connell Street wurden am **Parnell Square** zwei der schönen Stadthäuser an der Nordseite des Platzes in Museen umgewandelt. Im Charlemont House zeigt die **Dublin City Gallery the Hugh Lane** ⑬ bedeutende europäische Kunst des 19. und 20. Jhs. sowie neuere irische Werke, u.a. von Michael Farrell und Robert Ballagh; außerdem ist eine originalgetreue Rekonstruktion des Studios von Francis Bacon zu sehen (Di–Do 10–18, Fr, Sa 10–17, So 11–17 Uhr, Eintritt frei, www.hughlane.ie). Die Nr. 18, einige Häuser weiter, beherbergt das **Dublin Writers Museum** ⑬ mit Memorabilien berühmter Schriftsteller wie Yeats, Shaw und Beckett sowie Lesesaal, Buchladen und Café (ganzjährig Mo–Sa 10–17, So 11–17 Uhr; www.writersmuseum.com). Im **National Museum of Decorative Arts and History**, das in den Anfang des 18. Jhs. erbauten Collins Barracks untergebracht ist, wird v.a. die militärische Geschichte

---

Auf den Spuren von James Joyce und »Ulysses«

Für literarisch Interessierte ist es faszinierend, den Protagonisten des »Ulysses«, Stephen Daedalus, Leopold und Molly Bloom, durch den 16. Juni 1904 zu folgen. Der im Roman beschriebene Tag im Leben Dublins wird jedes Jahr mit Lesungen, Kostümierung und Besäufnissen als »Bloomsday« gefeiert.

Im Haus 35 North Great St. George's Street östlich des Parnell Square unterhält das **James Joyce Centre** ein kleines Museum und veranstaltet u.a. Rundgänge durch Joyce's Dublin (Tel. 01/878 8547, www.jamesjoyce.ie). Das **James Joyce Museum** im Joyce Tower, Sandycove bei Dun Laoghaire, liegt nicht nur schön, es ist auch voller Memorabilien (Di–Sa 10–17 Uhr, S-Bahn DART, Busse Nr. 7 u. 7 A Dublin–Dun Laoghaire, dann Bus Nr. 59).

der letzten Jahrhunderte beleuchtet (Benburb St., Di–Sa 10–17, So 14–17 Uhr, www.museum.ie).

Wer mehr über das Leben der berühmten Literaten erfahren möchte, sollte sich nach dem **Literary Pub Crawl** erkundigen. Zwei Schauspieler führen von Kneipe zu Kneipe, rezitieren, singen und erzählen Anekdoten aus dem Leben berühmter Iren (April–Okt. tgl., Nov.–März Do bis So um 19.15 Uhr im »Duke's«, Duke Street, Tel. 01/6705602; Tickets im Duke's ab 19 Uhr, im Tourist Office › S. 53 und unter www.dublinpubcrawl.com).

Echt gut! Die urigsten Pubs

■ In Dublin gibt es an jeder Ecke einen Pub, **Stag's Head** ist einer der schönsten und herrlich nostalgisch. › S. 55

■ **Brazen Head:** Nicht nur der älteste Pub Dublins, sondern ganz Irlands. › S. 37

■ Im **O'Donoghue's** hat die legendäre Band The Dubliners ihre Karriere begonnen. Auch heute gibt es dort noch regelmäßige Live-Sessions. › S. 55/37

■ In der **Lobby Bar** in Cork wird nicht nur gerne getrunken – landesweit bekannt ist dieser Pub für das hohe Niveau der Livemusik. › S. 85

■ Das Dorf Doolin nahe den Cliffs of Moher ist eines der Zentren irischer Volksmusik, und die dortigen Pubs sind wegen ihrer allabendlichen Livemusik legendär. Am namhaftesten ist der 1932 eröffnete **O'Connor's.** › S. 105

Whiskey und Guinness

In der Bow Street westlich der Four Courts wurde in der Lagerhalle einer ehemaligen Brennerei der **Irish Whiskey Corner** ❶ eingerichtet, ein Besucherzentrum und Museum des größten irischen Whiskeyherstellers samt Laden. Nach der Führung gibt es natürlich eine Kostprobe des Lebenswassers.

Wer auf dem Arran/Ellis Quay noch ein Stück am Fluss entlanggeht und ihn dann auf der Rory O'More Bridge überquert, sieht vor sich schon die Guinness-Brauerei. Das Besucherzentrum **Guinness Storehouse** ⓜ informiert über die lange Geschichte des erfolgreichen Unternehmens und führt multimedial den Herstellungsprozess vor. Ein Glas der Hausmarke ist im Eintrittspreis enthalten (tgl. 9.30–17, Juli/Aug. bis 19 Uhr; Eintritt 13.50 €, auch Ermäßigungen; www.guinness-storehouse.com).

Außerhalb des Zentrums

*National Botanic Gardens

Im nördlichen Vorort Glasnevin (Dublin 9) bieten die ab 1795 angelegten großzügigen Gärten mit ihrer Pflanzenvielfalt und den wunderbaren Gewächshäusern aus dem 19. Jh. Gelegenheit, sich ein paar Stunden Ruhe im Grü-

Der Pub O'Donoghue's in Dublin

nen zu gönnen (tgl. 9–18 Uhr, Mitte Nov. bis Mitte Febr. bis 16.30 Uhr; Buslinien Nr. 4, 13, 19 und 83; Tel. 01/8040300, www. botanicgardens.ie).

Phoenix Park

Wer stadtmüde ist, gönnt sich einen Ausflug zum Phoenix Park, mit mehr als 800 ha der größte eingezäunte Park Europas. Der Zaun ist nötig, um die rund 300 Hirsche im Gelände zu halten. Einst königliches Jagdrevier, ist der Park heute ein beliebtes Ausflugsziel der Dubliner. Zu sehen gibt es die Residenz des Staatspräsidenten und den Zoo. Den Picknickkorb nicht vergessen! (Dublin 8, Tel. 01/677 0095, Eintritt frei.)

Info

■ **Dublin Tourism**
Suffolk St.][**Dublin 2**
Tel. 01/605 7700
www.visitdublin.com

Ganzjährig Mo–Sa 9–17.30 Uhr, Juli, Aug. 9–19 Uhr; Infos, Pläne und Stadtführer (auch deutsch).

■ **Weitere Tourist Information Offices:** 14 Upper O'Connell St., Dublin 1, im Flughafen und am Fährterminal in Dun Laoghaire.

Verkehrsmittel

■ **Flughafen: Dublin Airport** 10 km nördlich (www.dublin-airport.com); Airlink und Aircoach Service direkt in kurzen Abständen von/nach Dublin City Centre zum Bahn- bzw. Busbahnhof; die regulären Buslinien sind allerdings billiger (Tel. 01/873 4222; www.dublinbus.ie).

Spartipp

Der **Dublin Pass,** erhältlich für 1, 2, 3 oder 6 Tage, gewährt freien Eintritt zu mehr als 30 Sehenswürdigkeiten sowie weitere Ermäßigungen (www.dublinpass.ie).

■ **Bahnhöfe: Connolly Station,**
Amiens St.; Züge nach Norden/Nord-
westen (Belfast, Sligo). **Heuston Sta-
tion,** Kingsbridge; Züge nach Westen/
Süden (Galway, Cork). Fahrplaninfo
Tel. 01/ 836 6222; www.irishrail.ie.
Die **S-Bahn DART** (Dublin Area Rapid
Transport; www.dublin.ie/transport/
dart.htm) verbindet die Dubliner
Innenstadt mit den Küstenvororten.
■ **Straßenbahn:** Red Line (Connolly–
Tallaght) und Green Line (St. Stephen's
Green–Sandyford); Infos: **Luas,**
Tel. 1800/300604, www.luas.ie.
■ **Stadtbusse: Dublin Bus/Bus Atha
Cliath,** 59 O'Connell St.,
Tel. 01/873 4222, www.dublinbus.ie
(Fahrpläne, Tages- u. Wochenkarten);
dichtes Nahverkehrsnetz, die Ziel-
angabe *An Lár* bedeutet Stadtzentrum.
■ **Fernbusse:** Busbahnhof **Busaras,**
Store St. hinter dem Custom House
(Bus Éireann, Fahrplaninfo:
Tel. 01/836 6111, www.buseireann.ie).

Hotels

■ **Clarence**
6–8 Wellington Quay][Dublin 2
Tel. 01/407 0800
www.theclarence.ie
Stilvoll-modernes Boutiquehotel mit
49 individuell designten Zimmern
für Promis und Gutbetuchte, im Besitz
von U2. ●●●
■ **Staunton's on the Green**
83 St. Stephen's Green
Dublin 2][Tel. 01/478 2300
www.stauntonsonthegreen.ie
**Echt
gut!** **Elegantes Guesthouse** von 1750 mit
eigenem Garten. ●●–●●●
■ **Grafton House**
26–27 South Great St. George's St.
Dublin 2][Tel. 01/679 2041
www.graftonguesthouse.com

Freundliches B&B nahe der City Hall
mit gut ausgestatteten Zimmern. ●●
■ **The Townhouse**
47–48 Lower Gardiner St.
Dublin 1][Tel. 01/878 8808
www.townhouseofdublin.com
Vielfach empfohlenes, sehr gepflegtes
Guesthouse nördlich des River Liffey.
●–●●
■ **Clifden House**
32 Gardiner Pl.
Dublin 1][Tel. 01/874 6364
www.clifdenhouse.com
Renoviertes georgianisches Guest-
house, 15 Zimmer (nur für Nichtrau-
cher), Aufenthaltsraum mit offenem
Kamin. ●
Eine **Hotelübersicht** nach Stadtvierteln
mit Buchungsmöglichkeiten bietet die
Website http://dublin.city-centre-
hotels.com.

Restaurants

■ **Thornton's**
128 St. Stephen's Green
Dublin 2][Tel. 01/478 7008
www.thorntonsrestaurant.com
Mit Michelin-Stern ausgezeichnete
inspirierte Küche nach internationalen
Rezepten; Ausblick auf St. Stephen's
Green. Wurde 2007 umgestaltet und
neu eingerichtet. So/Mo geschl. ●●●
■ **Elephant & Castle**
18 Temple Bar][Dublin 2
Tel. 01/679 3121
www.elephantandcastle.ie
Perfektes Frühstück, wirklich große
Salate, Hamburger und Sandwiches
sowie Grillgerichte. ●●
■ **Beshoff's**
6 Upper O'Connell St.][Dublin 1
Tel. 01/872 4400
Tradition in der dritten Generation Ec
seit 1913, erstklassige Fish'n'Chips. ●

■ Blazing Salads
42 Drury St.][**Dublin 2**
Tel. 01/671 9552
www.blazingsalads.com
Gefällt mit einfallsreicher vegetarischer
Küche. So geschl. ●

■ Café Leon
Trinity St.][**Dublin 2**
Tel. 01/677 1060
Nettes Lokal mit französischem Flair.
Gute kleine Gerichte und Suppen. ●

Der Pub – ein öffentliches
Wohnzimmer

Pubs

■ Davy Byrne's
21 Duke St.][**Dublin 2**
Tel. 01/677/5217
www.davybyrnes.com
In »Ulysses« wird geschildert, wie Leopold Bloom hier einkehrt; heute relativ
teuer, aber mit anständigem Essen. ●●

■ O'Donoghue's
15 Merrion Row][**Dublin 2**
Tel. 01/660 7194
www.odonoghues.ie
Legendär! Dublins berühmtester Folk-
musik-Pub mit regelmäßigen Live-Sessions. Auch Zimmervermietung. ●●

■ The Stag's Head
1 Dame Court][**Dublin 2**
Tel. 01/679 3687
www.thestagshead.ie
**Schön und alt, freundliche Atmo-
sphäre,** gutes Essen, kurzum: eine
wahre Freude. ●—●●

■ Mulligan's
8 Poolbeg St.][**Dublin 2**
Tel. 01/6775582][www.mulligans.ie
Zapft angeblich **das beste Guinness
der Welt.**

Nicht nur U2

Nach Dublin pilgern nicht nur Freunde der Folkmusik, die Stadt ist auch eine
der großen Pop- und Rockmetropolen Europas. Natürlich sind in Irland schon
immer Gruppen gebildet, verschlissen und aufgelöst worden, aber erst mit
dem Riesenerfolg von U2 wurde Dublin im Bewusstsein der Weltpresse zum
Phänomen. Dazu haben U2 selbst nicht unerheblich beigetragen, indem sie
immer wieder stolz auf ihre Herkunft verwiesen, das Zentrum ihres Konzerns
(Plattenlabel, Aufnahmestudios, Immobilien etc.) in der Stadt ansiedelten
und gezielt Dubliner Bands förderten. Wer sich für die Szene interessiert,
sollte sich ein Stadtmagazin oder die Musikzeitschrift »Hot Press« besorgen
und nach Gigs von einheimischen Gruppen schauen. Tanzmusik und Techno
haben sich in Dublin etwas verspätet, aber dafür um so heftiger etabliert.
Die Clubszene wechselt ständig (aktuelle Infos im Internet, z.B. unter
www.visitdublin.com oder www.hotpress.com/whatson).

Malahide Castle

Ausflüge ab Dublin

Howth

Noch bevor man Howth, die nördliche Endstation der Dubliner Vorortbahn (DART), erreicht hat, ziehen einen die Rhododendren in den Gärten von Howth Castle in den Bann (das Schloss selbst ist nicht zugänglich). Das hübsche Städtchen mit seinen steil zum Wasser hin abfallenden Straßen macht einen wohlhabenden Eindruck: Im einstigen Fährhafen liegen nun die Jachten und Segelboote der Großstädter. Aber von hier läuft immer noch die größte Fischereiflotte Irlands aus. Wer gut zu Fuß ist, kann die gesamte Halbinsel in 2–3 Std. umrunden, ein Teil des Wegs verläuft oberhalb der Steilküste und bietet **Echt gut!** **spektakuläre Ausblicke.**
   Bei einem Bootsausflug zur Howth vorgelagerten Vogelinsel **Ireland's Eye** wird man an einem Martello Tower an Land gesetzt. Diese runden Küstenforts aus dem frühen 19. Jh., als das britische Empire eine Invasion Napoleons fürchtete, sind an der irischen Ostküste häufig zu finden. Bis auf die Ruine eines frühchristlichen Klosters (6. Jh.) ist dies das einzige Bauwerk auf dem Inselchen, das ansonsten großen Kolonien von Lummen, Tordalken, Eissturmvögeln, Kormoranen und Möwenarten vorbehalten ist.

Restaurant

King Sitric
East Pier][Tel. 01/ 832 5235
www.kingsitric.ie
Die **perfekten Fischgerichte** locken sogar Gäste aus Dublin hierher. Auch Gästezimmer. ●●●

Malahide Castle

Von Dublin in Richtung Norden kommt man entlang der Küste zum Malahide Castle, das knapp 800 Jahre lang Sitz der Adelsfamilie Talbot de Malahide war. Nach dem Tod des letzten Lord Talbot übernahm das Dublin County Council das Schloss und zeigt dort heute eine Kollektion von Porträts aus den Sammlungen der National Gallery, z.B. Werke von Hogarth, Lely, Romney und van Dyck. In dem vor 50 Jahren angelegten, über 8 ha großen **Botanischen Garten** gedeihen exotische Pflanzen aus Südamerika und Australasien (ganzjährig Mo–Sa 10–17, April–Sept. So 10–18 Uhr, Okt.–März So 11–17 Uhr; www.malahidecastle.com).

   Über Kloster Clonmacnoise liegt noch heute ein besonderer Zauber

Zentrum und Ostküste

Nicht verpassen!

- Den magischen Moment beim Betreten der Grabkammer von Newgrange
- Spaziergang durch die Gärten von Powerscourt Estate
- Ausflug in die Wicklow Mountains
- Clonmacnoise, das einstige Zentrum der Kelten
- Wandeln auf den Spuren der Mönche im Kloster von Glendalough

Zur Orientierung

Die Midlands sind die Wiege der keltischen und irischen Geschichte. Auf wenig befahrenen Nebenstraßen lässt sich die grüne Mitte Irlands stressfrei erkunden. In dieser eher undramatischen Landschaft mit Farmen, Hügeln und Torfmooren befinden sich einige der bedeutendsten Kulturdenkmäler des Landes. Eindrucksvolle Megalithgräber wie Newgrange und das frühchristliche Zentrum Irlands, Clonmacnoise, sind Höhepunkte jeder Irlandreise. Auch zu eigenen Aktivitäten wird man angeregt: zum Lachsfischen im Boyne, zum Reiten, zu Bootsausflügen auf dem Shannon, zum Reiten oder zum Golfspielen. Konkurrenzlos für Wanderer sind die Wicklow Mountains nahe der Ostküste.

Touren in der Region

Sehenswertes südlich von Dublin

━⑥━ Dublin ❭ Dalkey ❭ Powerscourt Estate ❭ Wicklow Mountains ❭ Glendalough ❭ Dublin

Dauer: 1 Tag
Praktische Hinweise: Am Wochenende sind die Straßen aus Dublin heraus oft verstopft. Auch die Wicklow Mountains sind dann stark frequentiert, deshalb besser auf die Wochenmitte ausweichen.

Verlässt man Dublin Richtung Süden, passiert man das Küstenstädtchen **Dalkey,** das einst Hafen für Schiffe nach England war. Im nahen **Sandycove** können James-Joyce-Fans das Museum im Martello Tower besuchen oder im Forty Foot Pool ein Bad nehmen. Hier treffen sich das ganze Jahr über Abgehärtete und vergnügen sich für einige Minuten im eiskalten Wasser. Bevor es in die Wicklow Mountains geht, ist ein Besuch von **✶✶Powerscourt Estate** ❭ S. 66 Pflicht. Das stattliche Herrenhaus und die weitläufige Parkanlage lohnen einen längeren Aufenthalt. Zum Imbiss im Powerscourt Terrace Café gibt es kaum eine Alternative – wegen der guten Küche und der famosen Aussicht. Nun fährt man ein gutes Stück durch die **✶✶Wicklow Mountains** ❭ S. 66, die selbst Autotouristen zu kurzen Wanderungen animieren. Wer Zeit hat, kann hier eine ganze Woche lang auf dem **Wicklow Way,** Irlands längster Wanderroute, unterwegs sein. Ein weiterer Höhepunkt ist der Besuch des frühchristlichen Klosters **✶✶Glendalough** ❭ S. 67, bevor es auf den engen und kurvigen Straßen des County Wicklow wieder zurück nach Dublin geht.

Zentrum und Ostküste

0   20 km

6 Sehenswertes südlich von Dublin   Dublin › Dalkey › Powerscourt
Estate › Wicklow Mountains › Glendalough › Dublin

7 Von Dublin nach Norden   Dublin › Hill of Tara › Newgrange ›
Schlachtfeld am Fluss Boyne › Monasterboice › Malahide Castle ›
Howth › Dublin

8 Rund um Athlone   Athlone › Clonmacnoise › Tullamore › Charleville
Castle › Athlone

Von Dublin nach Norden

━7━ Dublin › Hill of Tara › Newgrange › Schlachtfeld am Fluss Boyne › Monasterboice › Malahide Castle › Howth › Dublin

Dauer: 1 Tag
Praktische Hinweise: Diese Tour kann man problemlos mit der vorherigen zu einer Zweitagestour kombinieren.

Auch diese Tour beginnt mit dem üblichen dichten Autoverkehr Dublins, der sich noch ein gutes Stück in Richtung Norden fortsetzt. Doch schon bevor man das erste Ziel, den Hill of Tara, erreicht, wird es auf den Straßen deutlich ruhiger. Die gesamte Tour führt zu höchst unterschiedlichen Schauplätzen, die aber alle wichtigen Momente der langen irischen Geschichte beleuchten.

Der *Hill of Tara › S. 64, heute ein eher unscheinbarer Hügel, soll einst der Sitz der irischen Hochkönige gewesen sein. Das nächste Ziel, ***Newgrange › S. 63, ist älter als die Pyramiden von Giza oder Stonehenge und besteht aus einem Grabhügel von beeindruckender Größe. Im Innern erwartet die Besucher eine mystische Grabkammer.

Auf dem **Schlachtfeld am Fluss Boyne** › S. 63 fand im Jahr 1690 die Battle of the Boyne statt, die für die Iren auch heute noch von großer Bedeutung ist. *Monasterboice › S. 61, eine Klosteranlage aus dem 5. oder 6 Jh., liegt zwar

großteils in Ruinen, doch der Rundturm und v.a. die Hochkreuze lohnen den Besuch allemal.

Auf Ausflüger aus Dublin trifft man beim **Malahide Castle** › S. 56, einem Schloss wie aus dem Bilderbuch samt einem üppig blühenden botanischen Garten. Nach so viel geballter Geschichte bietet **Howth** › S. 56 pure Entspannung, vor allem bei einem Spaziergang auf dem Klippenweg. Fischliebhaber kehren danach direkt am Pier in das hochgelobte Restaurant **King Sitric** › S. 56 ein, bevor es zurück nach Dublin geht.

Rund um Athlone

━8━ Athlone › Clonmacnoise › Tullamore › Charleville Castle › Athlone

Dauer: 1 Tag
Praktische Hinweise: Wer noch Zeit hat, kann diese Tour um eine Bootsfahrt auf dem Shannon ergänzen.

Athlone › S. 72, ein typischer Ort im Herzen Irlands, ist ein eher untergeordnetes Touristenziel, es sei denn, man möchte sich als Freizeitkapitän betätigen. Denn die Stadt breitet sich zu beiden Seiten des Shannon aus und bietet dadurch vielfältige Möglichkeiten für Bootsausflüge. Südlich der Stadt wartet dann am Ufer des Shannon die erste wirkliche Sehenswürdigkeit: die Reste des Klosters **Clonmacnoise** › S. 75. Die von einer Mauer umgebene Anlage ist auch heute noch in einem erstaunlich guten Zustand.

So braucht es wenig Fantasie, um sich vorzustellen, wie Mönche aus ganz Europa einst hierher kamen, um zu studieren und ihren Glauben zu praktizieren.

Whiskeyliebhaber werden sich auf das nächste Ziel, **Tullamore ›** S. 76, ganz besonders freuen, denn im gleichnamigen Ort wird der bekannte »Tullamore Dew« gebrannt. Eine Führung durch die Destillerie aus dem 18. Jh. ist aber nicht nur für Whiskeykenner ein Erlebnis.

Auf der Rückfahrt nach Athlone führt ein kurzer Abstecher westlich von Tullamore zum **Charleville Castle ›** S. 76, das man mit Fug und Recht als Märchenschloss bezeichnen kann.

Unterwegs in der Region

*Monaster-boice **1**

Acker- und Weideland umgeben die Reste des einst bedeutenden Klosters Monasterboice: Friedhof, zwei Kirchenruinen, ein über 30 m hoher Rundturm und drei Hochkreuze, von denen vor allem

Muirdach's Cross zu den herausragendsten Beispielen keltischer Kunst zählt (Eintritt frei von Sonnenauf- bis Sonnenuntergang).

Drogheda **2**

Die Stadt liegt zu beiden Seiten des Flusses Boyne, 5 km landeinwärts von seiner Mündung in die

Einst besaß Drogheda 3 km lange Stadtmauern mit elf Stadttoren

Irische See. Malerisch ist der Stadtkern mit schmalen Straßen und verwinkelten Gassen aus dem Mittelalter. Zahlreiche Restaurants und noch mehr Pubs mit regelmäßigen Live-Events lassen abends keine Langeweile aufkommen. Vor allem das hübsche Viertel um West Street und Lawrence Street mit dem mächtigen **St. Laurence Gate** (13. Jh.) nördlich des Boyne lohnt einen Besuch.

Südlich des Flusses erhebt sich der **Millmount,** der möglicherweise als prähistorischer Grabhügel entstanden ist. Vom Martello-Turm hat man einen guten Blick über die Stadt. Neben mehreren Kunstgewerbeläden und einem Restaurant befindet sich auf dem Kasernengelände auch ein Museum, das Ausstellungen zur turbulenten Stadtgeschichte zeigt. Auch Oliver Cromwells Belagerung von Drogheda und die Boyne-Schlacht werden erläutert (Mo–Sa 9.30 bis 17.30 Uhr, So 14–17 Uhr, www.millmount.net).

Südlich von Drogheda lockt das Küstenstädtchen **Laytown** Golfer wie Windsurfer an. Naturfreunde zieht es dagegen in das **Sonairte National Ecology Centre,** das nationale Ökologiezentrum am Flussufer mit Bauernmärkten, Ausstellungen, Biogarten und Café (The Ninch, Laytown, Tel. 041/982 7572, www.sonairte.org). Zwischen Laytown und Bettystown an der Straße nach Drogheda werden im Juli und August **am Strand offizielle Pferderennen** ausgetragen.

Echt gut

Echt gut! Die schönsten Hochkreuze

■ **Kells:** Um den Rundturm des ehemaligen Klosters gruppieren sich mehrere Hochkreuze mit biblischen Szenen. **>** S. 65

■ **Glendalough:** St. Kevin's Cross ist zwar ein typisches Hochkreuz, allerdings ohne Ornamente. Wahrscheinlich war es ursprünglich bemalt, und im Lauf der Zeit ist die Farbe ausgeblichen. **>** S. 67

■ **Monasterboice:** Ein besonders schönes und ausdrucksstarkes Bildprogramm ziert das 5 m hohe Muirdach's Cross. **>** S. 61

■ **Clonmacnoise:** In der Klosteranlage am Shannon erzählt das Cross of the Scriptures wohl von der Gründung der Anlage. **>** S. 75

■ **Ardboe:** Das im 10. Jh. aus Sandstein gemeißelte Hochkreuz ist mit 22 Szenen aus der Bibel geschmückt. **>** S. 127

Info

Tourist Information Office
Mayorality Street][Tel. 041/983 7070
www.drogheda.ie

Verkehrsmittel

Bus- und Bahnverbindungen nach Dublin und Belfast.

Restaurant

Romanza
Distillery House][Dyer St.
Tel. 041/980 4800][www.romanza.ie
Überwiegend italienische Küche in einem sehr schön renovierten georgianischen Haus. Die Menüs bieten ein gutes Preis-Leistungs-Verhältnis. ●●

Der mächtige prähistorische Grabhügel von Newgrange im Tal des Boyne

Pub

C Ní Cairbre
Carberry's][**North Strand**
Tel. 041/984 7569
Ein Pub wie aus dem Bilderbuch, seit über 100 Jahren in Familienbesitz. Fast jeden Abend eine Session.

Schlachtfeld am Fluss Boyne 3

An der Straße nach Slane (N 51) kommt man etwa 8 km westlich von Drogheda am Schauplatz der Schlacht am Boyne vorbei. Die Stelle ist heute als Oldbridge bekannt, denn beim Schlachtfeld, das vom abgebrochenen Stumpf eines Obelisken markiert wird, führt eine Brücke über den Fluss. (Visitor Centre März, April tgl. 9.30–17.30, Mai–Sept. 10–18, Okt.–Feb. 9–17 Uhr.)

Der Hintergrund: Englands 1688 vertriebener katholischer Ex-König Jakob II. war nach Irland geflüchtet. Er hoffte, ein wiedererstarktes katholisches Irland als Machtbasis zur Rückeroberung seines Throns nutzen zu können. Anfang Juli 1690 trat ihm sein Nachfolger in London, Wilhelm III. von Oranien, mit seinem Heer am Boyne entgegen und zwang ihn nach wechselhaftem Verlauf der Schlacht zur Flucht. *The Battle of the Boyne* hat für die Protestanten von Nordirland Symbolcharakter: Der Jahrestag wird alljährlich mit Aufmärschen und patriotischen Reden des nach dem Hause Oranien benannten »Orange Order« begangen.

2 ***Newgrange und Knowth 4

In einer Biegung des Flusses Boyne liegt die beeindruckendste prähistorische Grabanlage Irlands. **Brú na Bóinne** heißt »Palast am

Boyne«: Unter diesem Namen ist die Ansammlung von über 5000 Jahre alten Gräbern seit keltischer Zeit bekannt. Der Zugang ist nur über das **Brú na Bóinne Visitor Centre** gestattet, von dem aus Führungen veranstaltet werden (Tel. 041/988 0300, Feb.–April, Okt. tgl. 9.30–17.30, Mai, Mitte bis Ende Sept. 9–18.30, Juni bis Mitte Sept. 9–19, Nov.–Jan. 9 bis 17 Uhr; www.heritageireland.ie).

Vor allem im Sommer sollte man genügend Zeit für die Besichtigung einplanen, denn der Andrang ist groß und die Kapazität begrenzt. Der Rundgang durch das interaktive Besucherzentrum dauert rund eine Stunde, für die Grabkammer sind weitere zwei Stunden das Minimum.

Archäologen sind dabei, **Knowth** eingehender zu erforschen, weshalb nur ein Teil des Areals zugänglich ist. Man vermutet, die Anlage sei noch 500 Jahre älter und um einiges komplexer als Newgrange.

*Hill of Tara und Dunsany Castle 5

Der Hill of Tara, heute ein eher unscheinbarer Hügel, ist ein mystischer Ort voller Legenden. Einst sollen hier die Druiden ihren Zaubertrank gebraut haben, spä-

Älter als Stonehenge

Echt gut!

Der Grabhügel von Newgrange gehört zu einer Gruppe von mindestens 28, möglicherweise bis zu 40 Ganggräbern im Tal des Boyne und ist Teil des Unesco-Weltkulturerbes. Newgrange stammt aus der Zeit um 3100 v. Chr., ist also älter als Stonehenge oder die Pyramiden von Giza und eines der bedeutendsten Steinzeitmonumente Europas. Der riesige Steinhügel ist nicht rund, sondern eher birnenförmig und hat einen Durchmesser von 80 bis 90 m und eine Höhe von 13,5 m. 16 m vom Außenrand entfernt, der von 97 Steinplatten eingerahmt wird, befand sich ursprünglich ein Kreis von 38 bis zu 2,5 m hohen Menhiren, von denen 12 noch erhalten sind. Im Innern des Grabes verläuft ein 19 m langer Gang, 1 m breit und bis zu 2 m hoch. Über der Grabkammer wölbt sich eine in der Mitte fast 6 m hohe Decke aus Megalithplatten, die so perfekt zusammengefügt sind, dass bis heute kein Wasser einsickert. Drei Seitenkammern buchten die Hauptkammer kreuzförmig aus, und in jeder fand man einen ausgehöhlten Beckenstein mit Knochenresten. Die meisten Steine des Grabes sind mit abstrakten Motiven wie Doppelspiralen, Rauten und konzentrischen Halbkreisen reich verziert. Rätselhaft war jahrhundertelang die Funktion des Steins über dem Eingang, der einen etwa 20 cm breiten Schlitz aufweist. Erst 1969 ergaben archäologische Untersuchungen, dass die ersten Strahlen der Morgensonne an den Tagen um die Wintersonnenwende (21. Dez.) durch diese Öffnung den ganzen Gang bis in die Kammer erleuchten.

ter, noch vor der Einführung des Christentums, soll sich an diesem Ort der Palast der Hochkönige von Irland befunden haben. Tatsächlich liegen rund um den Hügel unter der Grasnarbe die Reste von eisenzeitlichen Forts mit Erdwällen. Vom Hügel aus bietet sich ein schöner Blick auf die Umgebung, wobei von der glorreichen Vergangenheit jedoch nur wenig offenbar wird. Man muss sich auf Erklärungen verlassen, die die Führungen vermitteln (Mitte Mai bis Mitte Sept. tgl. 10–18 Uhr, letzter Einlass 1 Std. früher). Vom Besucherzentrum, ehemals eine protestantische Kirche, wird man zu Erdwällen und Gräben geleitet, die Namen wie Ráth Na Ríogh (Wall der Könige), Dumha Na nGiall (Grab der Geiseln) oder Teach Cormaic (Haus des Cormac) tragen.

Südlich des Hill of Tara liegt **Dunsany Castle**, dessen ältester Teil auf das Jahr 1180 zurückgeht (Öffnungszeiten unter Tel. 046/ 902 5169, www.dunsany.com). Seit dem 15. Jh. residieren hier die Lords Dunsany. Einen Teil des Dienstbotentrakts nutzt eine Edelboutique, wo man die hochpreisigen Artikel der Dunsany Home Collection erwerben kann.

*Trim Castle 6

Das schöne Städtchen Trim am Fluss Boyne wurde in normannischer Zeit als Festung gegründet. Damals entstand auch das Trim Castle in spektakulärer Lage direkt am Fluss. Es ist eine der

größten mittelalterlichen Burgen Irlands und diente bereits mehrfach als Filmkulisse (Ostern bis Ende Sept. tgl. 10–18, Okt. tgl. 9.30–17.30 Uhr, sonst Sa, So; www.heritageireland.ie).

Echt
gut!

*Kells 7

Mit der Gründung eines Klosters bei Kells um 550 schuf der spätere Schottenmissionar Columban eine der Wiegen des irischen Christentums. Hier soll das berühmte Evangeliar entstanden sein, das als Book of Kells bekannt wurde und heute im Trinity College von Dublin zu bewundern ist (› S. 48). Im Friedhof der unbedeutenden protestantischen Kirche ragt ein etwa 30 m hoher Rundturm auf, der dokumentarischen Belegen zufolge vor 1076 als Teil des Klosters entstanden sein muss. Ihn umgeben mehrere keltische Hochkreuze, von denen das größte, über 3 m hoch und mit biblischen Szenen verziert, am besten erhalten ist.

Restaurant

The Ground Floor
Bective Square][**Tel. 046/924 9688**
Moderne Kunst und modern-leichte Küche zeichnen das sympathische Lokal aus. Internationale Weinkarte. Tgl. ab 17.30 Uhr. ●●

Pub

O'Shaughnessy's
11 Market St.][**Tel. 046/924 1110**
Gemütlicher alter Pub, der auch Essen serviert und Fr/Sa traditionelle Musiksessions bietet. ●

****Powerscourt Estate** 8

Die Geschichte des weitläufigen Anwesens reicht bis ins 14. Jh. zurück. Das imposante Herrenhaus entstand im 18. Jh., wurde allerdings bis ins 19. Jh. immer wieder umgebaut. Fast noch schöner sind die Gartenanlagen mit ihren Terrassen, Skulpturen und dem alten Baumbestand. (tgl. 9.30 bis 17.30 Uhr, Tel. 01/204 6000; www.powerscourt.ie).

Echt gut! Das **Powerscourt Terrace Café** ist wegen seines einmaligen Ausblicks und der exzellenten Küche weiterhum bekannt (Winter Mo bis Fr 9.30–16.30, Sa, So 9.30–17, Sommer tgl. 10–17 Uhr, ●–●●).

Eine rund 7 km lange Wanderung führt zum **Powerscourt-Wasserfall**, mit 130 m immerhin **Echt gut!** der höchste Wasserfall Irlands.

Auch das nahegelegene Dorf **Enniskerry** lohnt wegen seiner gemütlichen Cafés und interessanten Galerien einen Besuch.

Kraxeln in den Wicklow Mountains

****Russborough House** 9

Dies ist eines der reizvollsten und besterhaltenen palladianischen Anwesen Irlands. Es wurde 1740 bis 1751 vom bedeutenden Architekten Richard Castle für den späteren Earl of Milltown erbaut. Heute gehört das Landhaus der Familie Beit, die darin die Schätze ihrer Kunststiftung ausstellt, u.a. Werke von Boucher, Gainsborough, Teniers, Reynolds und Rubens sowie vier Seestücke von Joseph Vernet, die für das Haus gemalt und in die Stuckatur des Drawing Room eingefügt wurden (Mitte März–Ende Apr. So 10 bis 18, Mai–Sept. tgl. 10–18, Okt. So 10–18 Uhr, www.russborough.ie).

****Wicklow Mountains** 10

Den Kern des Gebiets bildet der 20 000 ha umfassende National-park. Wasserfälle, Seen, mit Ginster bedeckte Hügel, aber auch tiefe Täler sowie zerklüftete Gebirge und raue Gipfel machen den Reiz der Wicklow Mountains aus. Wer mit dem Auto unterwegs ist, sollte zumindest einige Spaziergänge einplanen. Mit etwas Kondition und rund einer Woche Zeit lohnt auch der 127 km lange **Wicklow Way, Irlands längste Wanderroute.** Unterwegs sind immerhin 3000 Höhenmeter zu bewältigen, aber die herrliche Landschaft entschädigt für alle Mühen.

Karte
Seite 59

Glendalough

Die Landschaft und die früh-christliche Klosteranlage von Glendalough, dem »Tal der zwei Seen«, sind von ganz besonderem Reiz. Man möchte sich und seinen Hunderten von Mitbesuchern wünschen, hier einmal ganz allein zu sein und nur den Geräuschen zu lauschen, die der hl. Kevin ge-hört haben mag, als er im 6. Jh. hierher kam.

Vom 10. bis 12. Jh. stand Glen-dalough als Pilgerstätte und kul-turelles Zentrum nur Clonmac-noise ❯ S. 75 an Bedeutung nach. Aus dieser Zeit stammen die meisten erhaltenen Gebäude, dar-unter ein 33 m hoher Rundturm und die Reste von sieben Gebets-häusern. Etwa 10 m über dem Seeufer befindet sich die Öffnung einer kleinen Höhle, St. Kevins Bett genannt.

Die ersten Bewohner waren al-lerdings lange vor Kevin da: Alle Anzeichen sprechen dafür, dass die Höhle schon 2000 Jahre vor ihm als menschliche Behausung diente. Und nach ihm versuchten alle möglichen Eroberer zu ergat-tern, was nicht niet- und nagelfest war: Zwischen 775 und 1070 soll das Kloster allein viermal von den Wikingern ausgeraubt worden sein. 1398 zerstörten dann engli-sche Truppen die Anlage fast voll-ständig.

Das Visitor Centre bietet gutes Infomaterial und Führungen auf Anfrage (www.heritageire land.ie, Mitte März bis Mitte Okt. tgl. 9.30–18, sonst bis 17 Uhr).

Der Friedhof von Glendalough mit dem großen Rundturm

Wicklow 12

Wicklow ist ein gemütlicher Feri-enort mit schönem Hafen. Südlich des Orts ragen auf den Felsen über dem Strand noch die letzten Reste von Black Castle aus dem Jahr 1178 auf. Schöne Strandspa-ziergänge kann man südlich der Landspitze von Wicklow Head unternehmen. Der Sandstrand er-streckt sich kilometerweit süd-wärts bis Brittas Bay.

Info

Wicklow County Tourism
Wicklow Enterprise Park
Tel. 0404/20070
www.visitwicklow.ie

Verkehrsmittel

Bus und Bahn bieten Direktverbindun-gen nach Dublin und Wexford an.

Hotels

■ **Bel-Air Hotel and
Equestrian Centre**
Ashford, ca. 10 km nordwestlich
von Wicklow][Tel. 0404/40109
www.holidaysbelair.com
Ferien für geübte Reiter: Unterricht und
Geländeritte sowie gehobenes B&B in
reizvoller Landschaft. ●●
■ **Drom Ard**
Im Viertel Ballynerrin Lower
Richtung N 11][Tel. 0404/66056
dromardwicklow@excite.com
B&B in Gehweite zum Ortszentrum.
Familienzimmer. Nur März–Dez. ●

*Wexford 🔟

An den Kais der freundlichen
Stadt ist es still geworden, seit der
Hafen nicht mehr kommerziell
genutzt wird. Die Main Street, die
parallel zum Hafen verläuft, ist
dafür umso lebhafter, v.a. wenn
sich am Abend die Pubs füllen.

Kultureller Höhepunkt des Jah-
res ist das **Wexford Opera Festival im Oktober** (www.wexford
opera.com). Seit 1951 werden
jedes Jahr bekannte, aber auch
selten gespielte Opern in meist
hervorragenden Aufführungen
geboten. Und die ganze Stadt zieht
dann mit: Straßentheater, Dich-
terlesungen, Pub-Musik usw. in
Hülle und Fülle.

**Echt
gut!**

Ausflüge

Irish Nat. Heritage Park

4 km nordwestlich an der Fern-
straße N 11 bringt dieser Ge-
schichtspark Besuchern die irische Vor- und Frühgeschichte bis
zu den Normannen nahe. Sorgfäl-
tige Rekonstruktionen von Hüt-
ten der Stein- und Bronzezeit, ein
frühchristliches Kloster, ein Wi-
kingerboot auf dem Fluss Slaney
und eine normannische Festung
geben Einblicke in das Leben der
jeweiligen Epoche. Alltagstätig-
keiten werden in der jeweils historisch korrekten Form vorgeführt
(Tel. 053/912 0733, www.inhp.
com; Mai–Aug. 9.30–18.30 Uhr,
Sept.–April 9.30–17.30 Uhr).

Strand von Curracloe

Der wunderschöne dünenge-
säumte Strand nördlich von
Wicklow diente wegen seiner
Ähnlichkeit mit dem Omaha
Beach in der Normandie als Ku-
lisse für den D-Day-Film »Saving
Private Ryan«.

Info

Wexford Tourist Office
Crescent Quay
Tel. 053/913 3111
www.wexfordtourism.ie

Verkehrsmittel

■ **Bahnhof:** O'Hanrahan Railway
Station, Redmond Pl. (nördl. des Zent-
rums); Züge nach Dublin und Rosslare.
■ **Busbahnhof:** Redmond Place;
regelmäßige Verbindungen nach
Dublin, Rosslare und Waterford.

Hotels

■ **McMenamin's Townhouse**
6 Glena Terrace][Spawell Rd.
Tel. 053/914 6442
www.wexford-bedandbreakfast.com
Ein sehr schönes B&B für Liebhaber
des Außergewöhnlichen. ●●

■ **Westgate House**
Westgate][**Tel. 053/912 2167**
Gut geführtes, stilvolles B&B mit 10
Zimmern im Herzen der Stadt. ●

Restaurant

Forde's Restaurant
Crescent Quay][**Tel. 053/912 3832**
Für Service und Küche ausgezeichnet,
bietet es v.a. eine großartige Auswahl
an irischen Speisen. ●

Pub

The Sky & The Ground
112 South Main St.
Tel. 053/912 1273
Gute traditionelle Musik an fünf Aben-
den, große Weinauswahl und ordent-
liches Barfood.

Nightlife

The Centenary Stores in der **Charlotte
St. (Tel. 053/912 4424, www.the
stores.ie)** bietet Clubs und Disko für
Erwachsene, **The Wren's Nest** am **Custom House Quay (Tel. 053/912 2359)**
ist Pub, Sportbar und Restaurant.

Rosslare und sein Hafen 14

Ungefähr 15 km südlich von Wexford liegt der Ferienort **Rosslare
Strand,** dessen schöner, feinkör-
niger Sandstrand erheblich zu seiner Beliebtheit beiträgt.

Vom 5 km entfernten **Rosslare
Harbour** legen die Fähren nach
Fishguard und Pembroke in Wales
sowie nach Roscoff und Cher-
bourg in Frankreich ab.

Info

Co. Wexford Tourism
Kilrane, Rosslare Harbour
Tel. 053/ 916 1155
www.wexfordtourism.com

*Kilkenny 15

Der mittelalterliche Charakter der
Stadt blieb noch weitgehend erhalten. Ehe die Normannen im
12. Jh. dort ihre Festung errichte-

Parliament Street in Kilkenny

ten, konzentrierte sich die Ansiedlung um das 600 Jahre zuvor gegründete Kloster. Unter seinem englischen Namen Canice ist der hl. Cainneach Schutzpatron der zweitgrößten Kathedrale Irlands, der **Cathedral of St. Canice** (13. Jh.), wo sich einige schöne mittelalterliche Grabdenkmäler befinden. Südlich des Stadtkerns ragt inmitten von Grünanlagen das **Kilkenny Castle** dramatisch über dem Fluss Nore empor. In der »Long Gallery« hängt eine Sammlung von Familienporträts der Butlers; die Kunstgalerie im Keller stellt moderne Werke aus (Okt.–Feb. tgl. 9.30–16.30, März 9.30–17, Apr., Mai, Sept. 9.30 bis 17.30, Juni–Aug. 9–17.30 Uhr, www.kilkennycastle.ie).

Die **Crescent Workshops** im Castle Yard sind Ausbildungswerkstätten des Crafts Council of Ireland – junge Designer bieten hier ihre Arbeiten an, u.a Keramik, Lederwaren und Schmuck. In den ehemaligen Stallungen jenseits der Castle Road widmet sich das **Kilkenny Design Centre** der Förderung von Kunsthandwerk und Produktdesign. Die Ateliers, die Läden und das Restaurant dort lohnen einen Besuch (www.kilkennydesign.com, Mo bis Sa 10–19 Uhr, So 11–19 Uhr).

Vom Fuß des Schlosshügels verlaufen **High Street** und **Parliament Street** nordwärts zur Kathedrale St. Canice und bilden mit ihren Seitengassen den schönsten Teil der Altstadt. Unter den historisch und architektonisch interessanten Gebäuden sticht **Shee Alms House** (16. Jh.) heraus, in dem sich das Tourist Information Office befindet. Im Sommer finden von hier häufig Stadtführungen statt. **Tholsel** heißt das Rathaus an der High Street, dessen Obergeschoss weit über die Straße hinausragt. Das beeindruckende *****Rothe House** wurde als Kaufmannshaus Ende des 16. Jhs. um mehrere Innenhöfe herum errichtet (Apr.–Okt. Mo–Sa 10.30–17, So 15–17 Uhr, Nov.–März Mo bis Sa 10.30–16.30 Uhr, Tel. 056/772 2893, www.rothehouse.com).

Durch das **Black Freren Gate,** das letzte erhaltene Stadttor, gelangt man von der Parliament Street zur 1225 gegründeten **Black Abbey.** Die Namen verraten schon den Dominikanerorden (mit schwarzem Habit).

Info

Kilkenny Tourism
Shee Alms House, Rose Inn Street
Tel. 056/775 1500
www.kilkennytourism.ie

Verkehrsmittel

■ **Bahnhof:** McDonagh Station, Dublin Road (nordöstl. des Zentrums); Verbindungen nach Dublin, Waterford.
■ **Busverbindungen:** Bus Éireann (Fahrplaninfo Tel. 056/772 2024, www.irishrail.ie); ab Bahnhofsplatz nach Clonmel, Cork, Dublin, Galway, Rosslare, Waterford.

Hotels

■ **Mount Juliet**
Thomastown (18 km südl.)
Tel. 056/777 3000
www.mountjuliet.ie

Karte
Seite 59

Das Tullynally Castle aus dem 17. Jahrhundert

Luxuriöses Landhaus aus dem 18. Jh. mit Reitstall, Top-Golfplatz (Irish Open), Fischgewässer und Jagd, zwei Restaurants und eleganten Zimmern. ●●●

■ **Club House Hotel**
Patrick St.][**Tel. 056/772 1994**
www.clubhousehotel.com
Mittelgroßes Haus beim Castle mit modernen Zimmern und solchen im Stil des 18. Jhs. Restaurants, Bar. ●●

Restaurants

■ **Langton's**
67–69 John St.][**Tel. 056/776 5133**
www.langtons.ie
Preisgekrönter Pub mit separaten Speisezimmern. ●—●●

■ **Fleva Brasserie**
84 High St.][**Tel. 056/777 0021**
www.fleva.ie
Mediterrane und vegetarische Küche, serviert in freundlicher Umgebung. ●

■ **John Cleere**
Parliament St.][**Tel. 056/776 2573**
Neben Bier und Snacks gibt es Musik, manchmal auch Theater. ●

Tullynally Castle 16

Das Tullynally Castle aus dem 17. Jh., um 1800 erheblich umgebaut, hütet eine der bedeutendsten Privatbibliotheken Irlands (nur Gruppenführungen nach Voranmeldung; Gärten: Mai/Juni am Wochenende, 1. Juli–17. Aug. tgl. 14–18 Uhr; www.tullynally castle.com).

Vogelfreunde kommen weiter westlich am **Loch Iron,** einem Schutzgebiet für Löffel- und Stockenten, Brachvögel, Regenpfeifer sowie die im Herbst einfallenden Gänse, auf ihre Kosten.

*Mullingar 17

Inmitten einer schönen Hügellandschaft mit zahlreichen kleinen Seen schmiegt sich das würdevolle Marktstädtchen in eine

Biegung des Royal Canal. Die Wasserstraße wurde Ende des 18. Jhs. zwischen Dublin und dem Shannon erbaut. **Spaziergänger lieben das zugewachsene Ufer,** Ruderer und Paddler das stille Gewässer.

Echt gut!

Rings um Mullingar gibt es vortreffliche Angelgründe. Alljährlich finden am Lough Owel Anglerwettbewerbe statt; im April und August werden Forellen, im Juni Hechte gefangen.

Info

Fáilte Ireland East & Midlands
Market Square][**Mullingar**
Tel. 044/934 8650
www.discoverireland.ie/eastcoast.
aspx

Verkehrsmittel

Bus- und Bahn: häufige Pendlerverbindungen nach Dublin.

Hotel

Greville Arms
Pearse St.
Tel. 044/934 8563
www.grevillearmshotel.com
Stadthotel mit 39 Zimmern, nicht aufregend, aber bequem und mit gutem Pub. ●●

Restaurant

Crookedwood House
Crookedwood, ca. 10 km nördl. von Mullingar an der R 394
Tel. 044/72165
www.crookedwoodhouse.com
Viel gelobtes Restaurant mit moderner irischer Küche im alten Pfarrhaus am Lough Derravaragh. Auch einige Gästezimmer. ●●

Athlone 18

Die vom Stadtbild her eher unspektakuläre Ortschaft im Zentrum der Region am Shannon gewinnt ihre Bedeutung aus der Lage zu beiden Seiten von Irlands größtem Fluss. Die lebhafte Stadt ist ein Zentrum für Freizeitkapitäne (> Special S. 73), und natürlich werden auch Bootsausflüge nordwärts auf den großen Lough Ree oder nach Clonmacnoise > S. 75 angeboten. Am Westufer neben der Hauptbrücke trutzt unübersehbar das ursprünglich normannische **Athlone Castle**, in dem das **Castle Museum** Ausstellungen zur Regionalgeschichte zeigt (2010 wegen Renovierung geschlossen). Die 1937 vollendete **Kathedrale** überragt das Ufer vis-à-vis.

Info

Tourist Information Office
Im Castle][Tel. 090/649 4630
www.athlone.ie][Im Winter geschl.

Verkehrsmittel

■ **Bahnverbindungen:** nach Westport, Galway, Dublin.
■ **Busverbindungen:** Knotenpunkt für **Bus-Éireann**-Routen von Dublin an die Westküste.

Hotel

Hodson Bay
7 km nördl. von Athlone an der N 61
Tel. 090/644 2000
www.hodsonbayhotel.com
Großes, doch attraktives Ferienhotel mit Golfplatz und Marina am Ufer des Lough Ree. ●●●

Durch Irland auf sanften Wogen

Das Tuckern des Dieselmotors verklingt in der Abendstille. Leise knarren die Leinen der anderen Boote, die hier festgemacht haben. Nur vom hell erleuchteten Pub nahe der Anlegestelle klingen Stimmen und Musik durch die Dämmerung herüber.

Die Familie, die ihren Kabinenkreuzer gemächlich durch die eindrucksvolle Landschaft entlang des Shannon gesteuert hat, ist viel zu spät hier eingetroffen – den ganzen Tag über gab es so viel zu sehen: den Graureiher im Schilf beim Fangen der Plötzen, die man eigentlich selbst angeln wollte, ein Wikingerschiff auf dem weiten Fluss, und auch die Ruine von Rindown Castle auf ihrem Landvorsprung im Lough Ree musste noch eingehend erkundet werden.

Vielfältiges Angebot

Die Bootsvermieter in der Republik und in Nordirland haben sich längst auf Besucher aus Kontinentaleuropa eingestellt. Besonders günstig bucht man von zu Hause aus über ein Reisebüro. Wenn der Kabinenkreuzer groß genug ist, kann man auch **Mietfahrräder** für Ausflüge mit an Bord nehmen.

Mindestens 18 für Besucher zugängliche **Golfplätze** lassen sich vom Shannon-Ufer aus (zu Fuß oder im Taxi) bequem erreichen, und **Anglern** stehen mehr Möglichkeiten offen als sonst irgendwo in Westeuropa › S. 18.

Die schönsten Stopps

■ **Clonmacnoise**, eine traumhaft am Wasser gelegene, höchst sehenswerte Klosteranlage › S. 75.

■ Die Landschaft um **Drumsna** südlich von Carrick-on-Shannon und die Ausgrabungen am Doon of Drumsna (eindrucksvolle steinzeitliche Wallanlage).

■ **Jamestown** 2 km westl. von Drumsna. Dorf mit hübschen Häusern (17./18. Jh.).

■ **Castle Coole** und **Florence Court** ❯ S. 132 südlich von Enniskillen, zwei grandiose Herrenhäuser.

■ **Devenish Island,** Upper Lough Erne, mit Klosterruinen und Rundturm ❯ S. 133.

■ **Boa Island** am Nordrand des Lower Lough Erne ❯ S. 133.

■ **Portumna** am Nordende von Lough Derg mit dem 600 ha großen Forest Park samt Wildgehege und Spazierwegen im Wald sowie zwei Castles, die beide zu besichtigen sind: Portumna Castle am Ortsrand, ein Herrenhaus aus dem 17. Jh., und Derryhivenny Castle, eine Festung weiter nördlich am Fluss.

■ **Belleek**, eine lebhafte Kleinstadt mit renommierter Porzellanfabrik und Glasbläserei sowie Ausstellung zur Geschichte des Seengebiets (*Explore Erne Exhibi-*

tion, Erne Gateway Centre, Enniskillen Rd., Tel. 028/6865 8866; Juli–Sept. tgl. 11–17 Uhr oder nach tel. Voranmeldung).

Bootsvermieter

■ **Athlone Cruisers Ltd.** (Jolly Mariner Marina, Athlone, Tel. 090/6472892). Zentrale Lage; im Süden der Stadt fließt der Shannon breit und gemächlich – ideal für Anfänger –, nördlich auf dem Lough Ree ist das Navigieren wegen der vielen Inseln schwieriger und erfordert geübte Bootsfahrer. **Shannon-Erne** und **Blaney** sind die beiden Stützpunkte am Oberlauf des Shannon; man kann sein Boot beim einen abholen und beim anderen wieder abgeben.

■ **www.boatholidaysireland. com** liefert alles Wissenswerte über Bootstouren sowie eine Übersicht über Bootsverleiher.

■ **The Inland Waterways Association of Ireland** (Tel. 028/ 3832 5329, www.iwai.ie) und

■ **Waterways Ireland** (Tel. 028/ 6632 3004; www.waterwaysire land.org) erteilen ebenfalls kompetente Auskünfte.

Golf

■ **Athlone Golf Club** (Hodson Bay, Athlone, Co. Roscommon, Tel. 090/649 2073, www.athlone golfclub.ie). Eingang direkt neben der Anlegestelle von Hodson Bay am Ufer des Lough Ree. Wunderschön angelegter 18-Loch-Platz, Par 71 Meisterschaftsstandard, Nichtmitglieder tgl. außer Di willkommen.

Jahrhundertelang wuchs Clonmacnoise, heute beeindrucken die Ruinen am Shannon

❸ **✶✶Clonmac-noise**

Wer sich von Athlone her auf dem Shannon nähert, sieht schon von Weitem zur Rechten die lang gezogene Erhebung eines eiszeitlichen Moränenhügels und darauf eine von Erdwällen umgebene Ruine. Es sind die Reste einer im 13. Jh. erbauten Burg, hinter der bald die beiden Rundtürme des Klosters Clonmacnoise aufragen (Nov.–Mitte März 10–17.30, Mitte März–Mitte Mai 10–18, Mitte Mai–Mitte Sept. 9–19, Mitte Sept. bis Okt. 10–18 Uhr; Führungen ab dem Besucherzentrum/Museum, Tel. 090/967 4195, www.heritageireland.ie).

Über **Ausflugsschiffe** informiert das Tourist Office in Athlone › S. 72. Am Ufer beim Kloster gibt es Anlegestellen für Kabinenkreuzer.

Clonmacnoise – geistiges Zentrum der Kelten

Am Ufer des Shannon soll der hl. Ciarán um 545 das erste Gebetshaus erbaut haben. Vom 7. bis ins 12. Jh. war Clonmacnoise das kulturelle und geistige Zentrum der keltischen Kirche. Aus ganz Europa strömten Mönche hierher und trugen Irland den Ruf ein, das »Land der Heiligen und Gelehrten« zu sein. Eine aus Anlass eines verheerenden Brandes im Jahre 1179 erstellte Liste führt im Areal 106 Wohnhäuser und 13 Kirchen auf. Heute sind neben den Rundtürmen die Ruinen einer Kathedrale und acht weiterer Kirchen, drei Hochkreuze und an die 200 Grabplatten zu besichtigen, von denen die meisten aus dem 10. bis 12. Jh. stammen. Ab dem 13. Jh. verlor der Ort an Bedeutung und war 1552, als englische Truppen die Anlage endgültig zerstörten, nur noch ein minderer Bischofssitz.

Locke's Distillery in Tullamore produzierte von 1757 bis 1953

Tullamore [20]

Der Ortsname steht im Ausland vorwiegend für die Produktion des Whiskeys »Tullamore Dew« und des Likörs »Irish Mist«. In Kilbeggan 11 km nördlich kann man an interessanten Führungen durch **Locke's Distillery** aus dem 18. Jh. teilnehmen (April–Okt. tgl. 9–18 Uhr, sonst 10–16 Uhr, www.lockesdistillerymuseum.ie).

Einige Kilometer westlich des kleinen Städtchens weckt das Märchenschloss **Charleville Castle** Erstaunen. Die neugotische Anlage (19. Jh.) eines reichen Großgrundbesitzers kombiniert Dutzende von Versatzstücken früherer Stilrichtungen (Führungen tgl. 12–18 Uhr; www.charlevillecastle.com).

Östlich von Tullamore stößt man auf den Südrand des weiten Torfmoors **Bog of Allen.** Nähere Einblicke in Flora und Fauna, Geologie und Archäologie der Region vermittelt das **Bog of Allen Nature Centre in Lullymore** bei Rathangan (Mo–Fr 10–16 Uhr, u.a. zweistündige Führungen ins Moor, Tel. 045/860133, www.ipcc.ie/bogofallenvisitorguide.html).

Kildare [21]

Diese Stadt ist der geschäftige Mittelpunkt irischer Pferdezucht. Das staatliche Gestüt **National Stud** auf der über 2000 ha großen Torfebene des Curragh kann besichtigt werden (Visitor Centre, tgl. 9.30–17, im Sommer bis 17.30 Uhr, www.irish-national-stud.ie). Zum Gelände gehört ein wundervoller japanischer Garten, den der Gründer des Gestüts zu Beginn des 20. Jhs. anlegen ließ.

Auf dem **Curragh Racetrack** werden einige von Irlands wichtigsten Galopprennen ausgetragen, z.B. das Irish Derby im Juni.

Stille Straße in Cobh nahe Cork

Südwestirland

Nicht verpassen!

- Rundfahrt auf der Dingle Peninsula
- Bei gutem Wetter Schiffsausflug zu den Skellig Islands
- Strandspaziergang am Stradbally Beach
- Fahrt mit der Pferdekutsche durch den Killarney National Park
- Frisch gezapftes Guinness in einem der Pubs von Cork
- Besuch am Rock of Cashel im Abendlicht

Zur Orientierung

Der Südwesten mit seinen vielen Halbinseln, die in den Atlantik hinausragen, ist eine der meistbesuchten Regionen Irlands. Jede Strecke an der Südküste führt durch Bilderbuchdörfer und an idyllische Küstenstriche. Weite Landstriche des irischen Südens sind insgesamt nur dünn besiedelt und hätten sich wahrscheinlich noch weiter entvölkert, wären da nicht die Touristenscharen als sichere Einkommensquelle. Das Landesinnere ist geprägt von üppigem Weideland und Zeugnissen jahrtausendelanger Besiedlung. Die meisten Urlauber zieht es jedoch auf die Halbinseln der Westküste, die wie Finger weit ins Meer ragen. Auf teils winzigen und stets kurvigen Straßen kann man von Killarney aus Rundfahrten über die Halbinseln Dingle, Iveragh, Beara, Sheep's Head und Mizen unternehmen, wobei der rund 180 km lange Ring of Kerry auf Iveragh die meisten Besucher anzieht. Doch andernorts kann man sich auch heute in dieser Landschaft verlieren und sie abgeschieden von jeglichem Trubel genießen. Die Umrundung einer Felsenhalbinsel nach der anderen mag auf der Landkarte langweilig aussehen, dabei muss man eher vor dem Gegenteil warnen: Auf viele Reisende wirkt das Erreichen der jeweils nächsten Landspitze wie eine Droge.

Touren in der Region

Von Cork nach Waterford und Cashel

> ⑨ **Cork › Cobh › Midleton › Waterford › Clonmel › Cashel › Cork**

Dauer: 2 Tage
Praktische Hinweise: In Waterford wird das berühmte Waterford-Kristall hergestellt. Beim Fabrikverkauf kauft man günstiger ein.

Von ***Cork** › S. 82 geht es via **Cobh**, einem freundlichen Städtchen mit interessantem Titanic-Museum – in Cobh legte die »Titanic« vor ihrer schicksalhaften Reise zuletzt ab –, nach **Midleton** › S. 89, wo die Whiskey-Brennerei Whiskey-Freunde lockt. Weiter über die N25 erreicht man

Ausflug von Killarney

*Waterford ❯ S. 87, das Etappen-ziel des ersten Tages. Wer Strände liebt, sollte einen Umweg über **Tramore** ❯ S. 88 mit seinem **5 km langen Sandstrand** einplanen. Entlang der **Knockmealdown Mountains** führt die Tour am zweiten Tag durchs Landesinnere zurück nach Cork. Höhepunkt auf dieser Teilstrecke ist der ****Rock of Cashel** ❯ S. 85, der sich eindrucksvoll aus der Ebene von Tipperary erhebt. Seit dem 4. Jh. residierten hier die Könige von Munster, ab dem 12. Jh. hatte die Kirche auf dem Felshügel eines ihrer wichtigsten Zentren.

Von Cork zur Beara-Halbinsel

━⑩━ **Cork** ❯ **Kinsale** ❯ **Schull** ❯ **Mizen** ❯ **Sheep's Head Peninsula** ❯ **Bantry** ❯ **Beara** ❯ **Macroom** ❯ **Cork**

Dauer: 3 Tage
Praktische Hinweise: Wer iri-sches Nachtleben erleben will, sollte einen Abend in Cork einplanen. Die Studentenstadt ist für ihre Pubs bekannt.

*Cork ❯ S. 82, immerhin die zweitgrößte Stadt des Landes, be-sitzt zwar weder herausragende Sehenswürdigkeiten noch archi-tektonische Glanzlichter, doch das Zentrum zwischen zwei Armen des Flusses Lee lohnt wegen sei-nes kleinstädtischen Charmes und der vielen Pubs einen Besuch. Von Cork führt die Fahrt an die Südküste zum überaus sehens-werten Örtchen ****Kinsale**

❯ S. 89, das von der riesigen Fes-tung Charles Fort bewacht wird und für seine guten Restaurants bekannt ist. An der Küste süd-westlich von Kinsale passiert man eine Reihe von hübschen Orte und schönen Stränden (❯ S. 91), bevor man Schull auf der ***Mizen Peninsula** ❯ S. 91, das Etappenziel des ersten Tages, erreicht.

Am zweiten Tag führt die Tour zum **Mizen Head** und über die ***Sheep's Head Peninsula** ❯ S. 93 zum Marktflecken **Bantry** ❯ S. 92, wo auch übernachtet wird.

Von dort umrundet man am dritten Tag die Halbinsel ****Beara** ❯ S. 93 mit ihren abwechslungs-reichen Landschaften und spekta-kulären Küstenabschnitten und fährt schließlich über **Macroom** zurück nach Cork. Diese Tour ist eine gute Alternative zum viel be-suchten Ring of Kerry.

Rund um die Halb-inseln Dingle und Iveragh

━⑪━ **Killarney** ❯ **Dingle Peninsula** ❯ **Killarney** ❯ **Killarney Nat. Park** ❯ **Killarney** ❯ **Ring of Kerry** ❯ **Kenmare** ❯ **Killarney**

Dauer: 3 Tage
Praktische Hinweise: Im Som-mer sind auf dem Ring of Kerry viele Ausflugsbusse unterwegs, was auf den engen Straßen den Gegenverkehr oft zum Ausweichen oder Halten zwingt. Man sollte deswegen die Tour um die Halbinsel

Iveragh (Ring of Kerry) unbedingt in Killarney beginnen und von dort in Richtung Killorglin fahren. So ist man in derselben Richtung unterwegs wie die Busse und erspart sich manches Ausweichmanöver. Trotz der zuweilen anstrengen-den Fahrt auf den engen Straßen ist das Auto das beste Verkehrsmittel, weil es einem erlaubt, an den schönsten Foto- und Picknickplätzen anzuhalten. In Killarney werden aber auch Rundfahrten mit Tourbussen angeboten.

Bei dieser Tour werden von ***Killarney ›** S. 94 aus drei Ausflüge zu einer Mehrtagesfahrt verbunden. Einem Tagesausflug auf die ****Dingle-Halbinsel ›** S. 97 folgt am zweiten Tag ein Wander- und Besichtigungsprogramm im ****Killarney National Park ›** S. 95 mit dem imposanten Muckross House, bevor es am dritten Tag zum ****Ring of Kerry ›** S. 96 auf der Halbinsel Iveragh geht. Die Dingle-Halbinsel, die zu den schönsten Gegenden Irlands zählt, ist die weniger besuchte, aber ebenso schöne Alternative zum Ring of Kerry. Trotzdem gehört die Rundfahrt auf dem Ring of Kerry für viele Urlauber zu den »must sees« einer Irlandreise.

11 **Rund um die Halbinseln Dingle und Iveragh** Killarney › Dingle Peninsula › Killarney › Killarney Nat. Park › Killarney › Ring of Kerry › Kenmare › Killarney

Unterwegs in Südwestirland

*Cork

Freundlich, erholsam, einladend: So wird Cork häufig beschrieben. Die Bewohner, heißt es, seien über die Maßen stolz auf ihre Heimatstadt. Gesundes Selbstvertrauen strahlt Cork ganz gewiss aus, dies erst recht, seit es 2005 Kulturhauptstadt Europas war und aus diesem Anlass ganze Straßenzüge verschönert wurden.

Dunkelste Stunden erlebte Cork im anglo-irischen Krieg 1920/21, als Freischärler in britischen Diensten, die sogenannten *Black and Tans,* die Stadt wegen Unterstützung der Republikaner fast völlig niederbrannten. Der Niedergang traditioneller Gewerbe setzte in den 1930er-Jahren ein, doch sind Bier und Whiskey neben Elektronik- und Chemieprodukten auch heute noch die Erzeugnisse der ortsansässigen Industrie.

Der Kern dieser geschäftigen Hafenstadt liegt auf einer Insel zwischen zwei Armen des Flusses Lee und lässt sich zusammen mit den Vierteln unmittelbar nördlich und südlich des Zentrums bequem zu Fuß erkunden.

Die südliche Innenstadt

Am Nordende der Haupteinkaufsstraße **St. Patrick's Street** blickt das von Einheimischen nur **The Statue Ⓐ** genannte Standbild des Paters Theobald Matthew, Wohltäter der Armen und Abstinenzprediger im 19. Jh., als Wahrzeichen auf die Stadt.

Zwei Institutionen, die im Kulturjahr 2005 eine wichtige Rolle

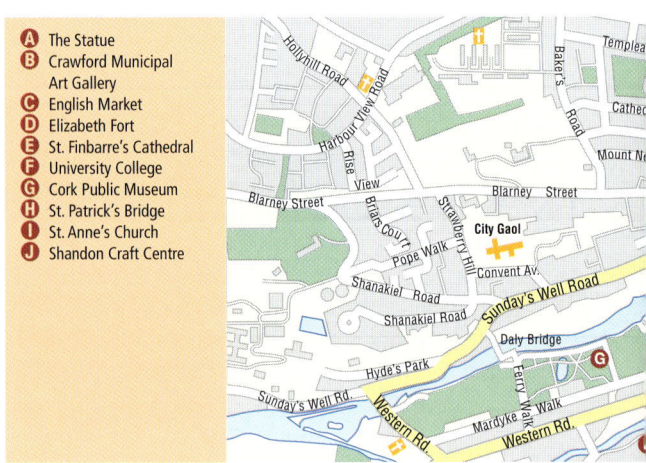

Ⓐ The Statue
Ⓑ Crawford Municipal
   Art Gallery
Ⓒ English Market
Ⓓ Elizabeth Fort
Ⓔ St. Finbarre's Cathedral
Ⓕ University College
Ⓖ Cork Public Museum
Ⓗ St. Patrick's Bridge
Ⓘ St. Anne's Church
Ⓙ Shandon Craft Centre

spielten, sind das moderne **Opernhaus** und die benachbarte *Crawford Municipal Art Gallery ** (Mo–Sa 10–17 Uhr, Eintritt frei; www.crawfordartgallery.com). Die imposante Fassade des ehemaligen Zollamts von 1724 integrierte der Architekt William Hill 1884 geschickt in seinen Bau für die städtische Kunstakademie, die später das Gebäude den Sammlungen irischer und britischer Kunst des 18. bis 20. Jhs. überließ. Neben Stichen, Glasmalerei und Skulpturen birgt sie u.a. Gemälde von James Barry, Daniel Maclise und Jack B. Yeats. Zum Besuch der Galerie gehört unbedingt eine Pause im **Crawford Gallery Café** (Tel. 021/ 427 4415, ●●). Als Ableger des berühmten Ballymaloe House › S. 89 wird es hohen Ansprüchen gerecht.

Von der St. Patrick's Street zweigt die Passage zum **English Market** ab, einem sehenswerten überdachten Obst-, Gemüse-, und Fleischmarkt. In seinem Umfeld verlocken auch die Oliver Plunkett Street und die Grand Parade zum Schauen und Shoppen.

Einen schönen Blick auf Cork hat man von der alten Festung **Elizabeth Fort**, während die Meinungen über **St. Finbarre's Cathedral** geteilt sind: Manche finden die 1878 vollendete, neugotische protestantische Bischofskirche samt ihrem farbigen Interieur eindrucksvoll, andere abscheulich.

Eine Grünfläche umgibt das **University College**. Der Nordflügel des Hauptgebäudes birgt eine bedeutende Sammlung von Steinen mit Texten in der keltischen Ogham-Schrift. Zum Universitätsgelände gehört auch die 1915 erbaute *Honan Chapel mit einigen der besten Beispiele angewandter Kunst des sogenannten Irish oder Celtic Revival, darunter Glasmalereien, Mosaiken und Emailarbeiten.

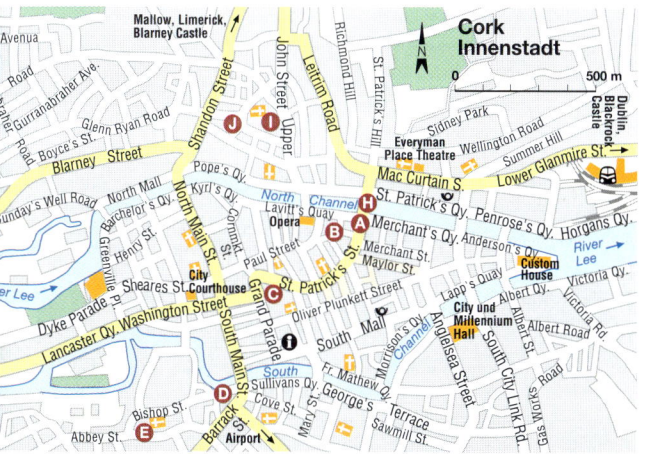

River Lee und die Kathedrale

Das **Cork Public Museum** im Fitzgerald Park erhellt die Stadtgeschichte (v.a. von 1916 bis 1923) und zeigt archäologische und naturgeschichtliche Funde. 2005 erhielt es zwei neue, lichte Galerien (Mo–Fr 11–13 und 14.15 bis 17 Uhr, Sa bis 16 Uhr, April bis Sept. auch So 15–17 Uhr; Eintritt frei).

Die nördliche Innenstadt

Gleich bei The Statue ❯ S. 82 führt die **St. Patrick's Bridge** über den nördlichen Arm des Flusses Lee (North Channel). Diesen Stadtteil überragt die **St. Anne's Church** ❶ (1726). Interessanterweise bestehen zwei Wände ihres Glockenturms, des Tower of Shandon, aus fast weißem Kalkstein, die andern beiden aus rotem Standstein. Gegen Entgelt kann man den Turm erklimmen, das Panorama genießen und das berühmte Geläut selbst in Gang setzen (Ostern–Nov. Mo–Sa 9.30 bis 17 Uhr, Nov.–Ostern 10 bis 15 Uhr; www.shandonbells.org).

Die ehemalige Butterbörse aus dem 18. Jh. (Exchange St.) beherbergt heute das **Shandon Craft Centre** ❶ mit teuren Läden für Kunsthandwerk. Wie bei so vielen Sehenswürdigkeiten in Cork gab es auch hier Verschönerungsmaßnahmen für das Kulturjahr 2005.

Am Rand des Stadtzentrums liegt das **City Gaol**. Bei einem Rundgang durch das ehemalige Gefängnis erhält man eine Vorstellung von den harten Bedingungen, unter denen im 19. und frühen 20. Jh. Gefangene untergebracht waren (Covent Ave., www.corkcitygaol.com; März–Okt. 9.30–17, Nov.–Feb. 10–16 Uhr)

Info

Fáilte Ireland
35 Grand Parade][**Tel. 021/425 5100**
www.corkkerry.ie

Verkehrsmittel

■ **Flughafen: Cork Airport**, 6 km südl. (www.kerryairport.ie); Flüge zum Kontinent; Transferbusse von Parnell Place
■ **Bahnhof: Kent Railway Station**, Lower Glanmire Road (Fahrplaninfo Tel. 021/455 7277 oder 1850/366222); IC-Verbindungen nach Dublin, Lime-

rick, Clonmel, Waterford, Rosslare, Enniscorthy, Mallow, Cobh und Kildare.

■ **Busse:** Parnell Pl./Merchant's Quay (Fahrplaninfo Tel. 021/450 8188, www.buseireann.ie); Verbindungen nach Cobh, Ringaskiddy, Blarney; **Stadtbusse:** Hauptknotenpunkt St. Patrick's St.

■ **Fähren:** nach Roscoff (Frankreich) ab Ringaskiddy, 14 km südöstl. von Cork (Fahrplaninfo Tel. 021/427 1166).

Hotels

■ **Radisson SAS Hotel & Spa**
Ditchley House, Little Island
Tel. 021/429 7000
www.radissonsas.com
Spa-Hotel mit großer Wellnessabteilung, Saunen und Pool. Knapp 10 km vom Stadtzentrum entfernt. ●●●

■ **Achill House**
Western Road][**Tel. 021/427 9447**
www.achillhouse.com
Angenehme Pension, schlichte Zimmer, 5 Gehminuten ins Zentrum. ●●

■ **Crawford Guesthouse**
Western Road][**Tel. 021/427 9000**
www.crawfordhouse.ie
Ein richtig gutes B&B nahe der Uni: 12 gepflegte Zimmer mit moderner Einrichtung. ●●

Restaurants

■ **The Ivory Tower**
35 Princess St.][Tel. 021/427 4665
Fisch und Vegetarisches nach Rezepten aus aller Welt und in ungewohnten Kombinationen. So/Mo geschl. ●●

■ **Quay Co-Op**
24 Sullivan's Quay
Tel. 021/431 7026
www.quaycoop.com
Vegetarische Vielfalt in nettem Ambiente – abends am gedeckten Tisch, tagsüber in Selbstbedienung. So geschl. ●

Pubs

■ **The Lobby, Charlie's, Donkey's Ears, An Phoenix.** Vier freundliche Pubs Seite an Seite am Union Quay. In einem davon gibt es praktisch immer Musik.

Echt gut!

Blarney Castle

Große Beredsamkeit erlangt angeblich, wer im Blarney Castle (8 km nördl. von Cork) den »Blarney Stone« auf dem Rücken liegend mit den Lippen berührt (Mai, Sept. Mo–Sa 9–18.30, Juni, Juli, Aug. bis 19 Uhr, Okt.–Apr. bis Dämmerung; So Mai–Sept. 9–17.30 Uhr, Winter bis Dämmerung; www.blarneycastle.ie).

4 **Rock of Cashel** ❷

Schon lange bevor man den kleinen Ort Cashel erreicht, sieht man von Weitem den Rock of Cashel aus der Ebene von Tipperary em-

Der imposante Rock of Cashel …

... und ein Architekturdetail

porragen – einen Kalksteinhügel, auf dem sich die Silhouette einer eindrucksvollen Ruine gegen den Himmel abzeichnet. Mit dem Bau der monumentalen gotischen Kathedrale wurde um 1235 begonnen, doch musste sie 1495 aufwendig renoviert werden, nachdem Graf Gerald von Kildare sie in Brand gesteckt hatte. Ab 1750 verfiel die Kirche zusehends. In der **Hall of the Vicars Choral** aus dem 15. Jh. skizzieren ein kleines Museum und ein zwanzigminütiger Film die Geschichte der Anlage.

Der Rundturm an der Ecke des nördlichen Querschiffs stammt wahrscheinlich aus dem 11. Jh. und ist das älteste erhaltene Bauwerk auf dem Hügel, aber nicht der einzige Beleg dafür, wie sorgfältig die Erbauer die Kathedrale zwischen Vorhandenes platzierten: **Cormac's Chapel** wirkt wie ein schräger Anbau zwischen Chor und Querschiff, aber bei genauerem Hinsehen entpuppt sich die erstaunlich gut erhaltene Kapelle als eines der bedeutends-

ten romanischen Bauwerke Irlands, 100 Jahre älter als die Kathedrale selbst. Der Legende nach soll der hl. Patrick im 5. Jh. in Cormac's Chapel den König von Munster bekehrt und getauft haben. Als gesichert gilt, dass sich auf dem Hügel etwa ab 980 eine Festung des Hochkönigs Brian Boru befand. Die Dekorationen, die Einflüsse aus dem Elsass und aus Bayern verraten, zeugen von der Kunstfertigkeit irischer Steinmetze (Mitte März–Mitte Juni tgl. 9.30–17.30 Uhr, Mitte Juni bis Mitte Sept. 9–19 Uhr, Mitte Sept. bis Mitte Okt. 9–17.30 Uhr, sonst 9–16.30 Uhr, www.cashel.ie).

Restaurants

■ **Chez Hans**
Rockside][**Tel. 062/61177**
www.chezhans.net
Für Gourmetküche berühmtes, elegantes Restaurant. So/Mo und die ersten 3 Januarwochen geschl. ●●●

■ **Brú Ború**
Unterhalb des Parkplatzes am Rock of Cashel][**Tel. 062/61122**
www.comhaltas.com
Kulturzentrum mit sommerlichen Veranstaltungen, z.B. traditioneller Musik, Volkstanz, Geschichtenerzählern; anständiges Café/Restaurant. ●

Clonmel ❸

Die prosperierende Kleinstadt Clonmel am Fluss Suir könnte man als eine Hundemetropole bezeichnen: Hier ist nicht nur die in einschlägigen Kreisen berühmte Jagdmeute der »Tipperary Hounds« zu Hause, hier liegt auch

eine der beliebtesten Hunderenn-
bahnen Irlands. Clonmel ist auch
ein guter Ausgangspunkt für Rad-
und Wandertouren durch die
Comeragh Mountains, ein teils
karges, teils aufgeforstetes Hügel-
land. Der höchste Punkt und
**Aussichtsberg der Comeraghs
ist der Fascoum mit 789 m.**

Tourist Office
The Main Guard][Tel. 052/612 2960
www.visitclonmel.com
Bietet Wanderführer und Detailkarten
der Comeragh Mountains.

Shopping

Dove Hill Irish Design Centre
Dove Hill (an der N24 Richtung
Carrick)][Carrick-on-Suir
www.dovehill.ie
Ob Mode, Lebensmittel oder Glaswa-
ren von Tipperary Crystal – hier finden
Sie hochwertige irische Produkte
(Mo–Sa 9.30–18, So 12–18 Uhr).

Carrick-on-Suir 4

Am Ostende der Castle Street in
Carrick-on-Suir erhebt sich das
interessante ***Ormonde Castle.**
An seine Burg aus dem 15. Jh.
fügte der 10. Earl of Ormond
(genannt »Black Tom«), ein Favo-
rit der englischen Königin Elisabeth I., ein Herrenhaus im Tudor-
stil an. Dies ist einzigartig für
Irland, denn solche Landsitze
wurden sonst nur im befriedeten
englischen Kernland gebaut (April bis Anfang Okt. tgl. 10 bis
18 Uhr, www.heritageireland.ie/
en/South-East/OrmondCastle).

*Waterford 5

Das alte Stadtzentrum von Waterford umgibt die (neben Derry)
besterhaltenen Stadtmauer Irlands. In den Außenbezirken
breiten sich die weniger ansehnlichen Wohn- und Industrieviertel
einer modernen 45 000-Einwoh-
ner-Stadt aus. Die Geschichte des
Orts geht auf das 9. Jh. zurück, als
Wikinger hier eine Siedlung namens Vadraford gründeten. Am
Flussufer ragt **Reginald's Tower**
auf, das Ostende der Stadtmauer
mit dem **Civic Museum,** das die
Stadtgeschichte illustriert. Archäologische Funde, u.a. aus der
Wikingerzeit, stellt **Waterford
Treasures** aus (The Granay,
Merchants Quay, Juni–Aug. Mo
bis Sa 9–18, So 11–18, sonst Mo
bis Sa 10–17, So 11–17 Uhr, www.
waterfordtreasures.com). An den
Kais legen moderne Frachter an,
denn Waterford gehört nach wie
vor zu den wichtigsten irischen
Handelshäfen.

In der Altstadt entstanden zwei
bedeutende Kirchen nach Plänen

Ormonde Castle im Tudor-Stil

des einheimischen Baumeisters John Roberts. Der war zwar Protestant, entwarf jedoch 1792 die katholische **Holy Trinity Cathedral** (Barronstrand St.) im gediegenen georgianischen Stil. Zwanzig Jahre zuvor hatte er für die Church of Ireland die klassizistische **Christ Church Cathedral** gebaut, deren Vorplatz, der Cathedral Square mit seinen Repräsentationsbauten aus dem 18. Jh., die Stadt besonders schmückt.

In aller Welt bekannt ist Waterford durch seine Glasmanufaktur **Waterford Crystal.** Die neue Fabrik mit Outlet befindet sich seit Juni 2010 direkt im Zentrum von Waterford (www.waterfordvisitor centre.com).

Info

Waterford Tourism
The Granary][41 The Quay
Tel. 051/875788
www.waterfordtourism.org

Verkehrsmittel

■ **Flughafen: Waterford Airport,**
Killowen, 6 km südöstl. der Stadtmitte; Flüge nach Dublin, London und britischen Regionalflughäfen.
■ **Bahnhof: Plunkett Railway Station;**
Verbindungen nach Dublin, Limerick und Rosslare.
■ **Busverbindungen: Bus Éireann**
Intercity; viele Linien ins ganze Land.

Hotels

■ **Waterford Castle**
The Island
Ballinakill, 4 km östlich der Stadt
Tel. 051/878203
www.waterfordcastle.com

Das noble Haus auf eigener Insel mit Privatfähre entstand aus einem alten Schloss. Mit Luxusrestaurant und Golfklub. ●●●
■ **Sion Hill House**
Ferrybank][Tel. 051/851558
Gehobenes B&B in einem 200 Jahre alten Haus inmitten einer Parklandschaft mit Blick auf die Stadt. ●●

Restaurants

■ **McAlpin's Suir Inn**
Cheekpoint][Tel. 051/382 220
www.mcalpins.com
Traditionsreiches Gasthaus, ca. 10 km außerhalb von Waterford. Fischgerichte in guter Qualität zu fairen Preisen. ●●
■ **Haricot's Wholefood**
11 O'Connell St.][Tel. 051/841299
Vegetarisches Essen, köstliche selbst gemachte Eiscreme. ●

Pubs

■ **Henry Downes**
8–10 Thomas St.][Tel. 051/874118
Mehrere dämmrige Schankräume und selbst abgefüllter Whiskey (Henry Downes' No 9, auch zum Mitnehmen).
■ **T & H Doolans**
31 George's Street][Tel. 051/841504
www.tandhdoolans.com
Waterfords ältester Pub, gepflegte Biere und häufige Folk-Sessions.

Tramore 6

Der größte Badeort im Einzugsbereich von Waterford wirkt ein wenig schäbig: Rummelplatz, Spielhallen und Pommesbuden machen nicht den elegantesten Eindruck, aber der 5 km lange Sandstrand an der weiten Bucht mit den hohen Dünen entschädigt für vieles. Fährt man auf der R675 der Küste entlang, durch hübsche Dörfer und vorbei an lohnenden Aussichtspunkten, trifft man in **Stradbally** auf einen weiteren ausgesprochen schönen Strand. Die bewaldeten Klippen ringsum laden zu ausgedehnten Spaziergängen ein.

Cliff House Hotel
Ardmore][Tel. 024/87 800
www.thecliffhousehotel.com
Das dreistöckige Haus steht, wie der Name suggeriert, auf den Klippen. ●●

Youghal 7

In Youghal (gesprochen: Johl) finden Feinschmecker einige gute Restaurants. Im Mittelalter hatte die Stadt strategische Bedeutung, weshalb ihr Hafen stark befestigt wurde. Neben dem Hafen ist die kleine Altstadt sehenswert, außerdem liegen in der Umgebung einige schöne Strände.

■ **Ballymaloe House**
Shanagarry (ca. 12 km westl. von Youghal)][Tel. 021/465 2531
www.ballymaloe.com
Eines der renommiertesten Hotels im Süden, das die einflussreichste Restaurantküche Irlands beherbergt. In jeder Hinsicht erlesen. ●●●

■ **Aherne's Seafood Restaurant**
163 North Main St.
Tel. 024/92424][www.ahernes.net
! Preisgekröntes Spitzenrestaurant und der Traum aller Liebhaber von Meeresfrüchten. ●●

Midleton 8

Irlands größte Whiskey-Brennerei in Midleton geht bis ins 18. Jh. zurück. Auf einer geführten Tour erfährt man alles über die Geschichte des irischen Whiskeys und besichtigt Mälzerei, Kornspeicher und Destillieranlagen, darunter auch die weltweit größte Brennblase mit 32000 Gallonen Inhalt. Nach der Besichtigung gibt es eine Verkostung (Führungen Nov.–März tgl. 11.30, 13, 14.30, 16 Uhr, sonst tgl. zwischen 10 und 16.30 Uhr, Tel. 021/461 3594, www.jamesonwhiskey.com).

**Kinsale 9

Das Bilderbuchstädtchen belegt seine Bedeutung als Marinehafen in der Zeit vom 17. bis 19. Jh. durch das riesige *Charles Fort (17. Jh.), das den Hafeneingang bewacht. Es gilt als **eine der besterhaltenen derartigen Anlagen in ganz Europa** (Mitte Juni–Mitte Sept. tgl. 9–18 Uhr, Mitte April bis Mitte Juni u. Mitte Sept.–Mitte Okt. Mo, Sa, So 9–17 Uhr, www.cork-guide.ie/charles.html).

Echt gut!

Das 1706 erbaute, schmucke Gerichtsgebäude am Marktplatz beherbergt nun ein kleines Museum mit Ausstellungen zur Regionalgeschichte. Kinsale hebt sich von anderen Ferienorten an dieser Küste durch viele gut erhaltenen Häuser aus dem 18. Jh. ab. Ein etwa 3 km langer Spaziergang führt zur Festung – man folge den Schildern mit der Aufschrift »Scilly Walk«.

Charles Fort, eine klassische sternförmige Festung mit fünf Bastionen

Info

Tourist Information Office
Pier Road (Kreuzung Emmet Place)
Tel. 021/477 2234][www.kinsale.ie

Verkehrsmittel

Busverbindungen: Von Pier Road
mehrmals tgl. nach Cork.

Hotels

■ **Blue Haven**
3 Pearse St.][Tel. 021/477 2209
www.bluehavenkinsale.com/
index.asp
Himmlisches Boutiquehotel; die
Zimmer sind geschmackvoll schlicht,
die Fischgerichte im renommierten
Restaurant Blu eine Offenbarung. ●●●

■ **Old Bank House**
11 Pearse St.][Tel. 021/477 4075
www.oldbankhousekinsale.com
Georgianisch-elegante Pension mit
perfekt ausgestatteten Zimmern. ●●●

■ **Old Presbytery**
Cork St.][Tel. 021/477 2027
www.oldpres.com.
Zentral, aber ruhig gelegenes B&B,
sowohl nostalgisch wie komfortabel.
Mit Penthouse-Suite. ●●

Restaurant

Man Friday
Scilly][Tel. 021/ 477 2260
www.manfridaykinsale.ie
Wie das Restaurant Blu des Hotels
Blue Haven (❯ Hotels links) Mitglied im
Good Food Circle und bekannt für
feine Meeresfrüchte; stilvolles
Ambiente. So geschl. ●●

Pub

1601
Pearse Street
Eine von unzähligen Kneipen im Viertel
um den Marktplatz und die Main
Street; traditionelle Snacks und Musik.

Für Feinschmecker

Kinsale ist eine gastronomische
Hochburg mit vielen ausgezeich-
neten Restaurants Rund zehn davon bilden den **Good Food Circle**,
der jährlich im Oktober ein inter-
nationales Gourmetfestival veranstaltet. Adressen, Programm und
Tickets: Tel. 021/477 2847;
www.kinsalerestaurants.com

An der Küste südwestlich von Kinsale

An diesem Küstenabschnitt liegen einige schöne Strände und Landschaften, z.B. die Landspitze des **Old Head of Kinsale** mit wunderbarem Blick über die Courtmacsherry Bay. Gute Strände findet man auch beim lebhaften Örtchen **Clonakilty,** durch das die angeblich schmalste Hauptstraße Irlands führt. Zwischen Clonakilty und Skibbereen reihen sich etliche malerische Küstendörfer. In **Rosscarbery** sollte man auf die gewundene Küstenstraße R 597 abbiegen, die vorbei am prähistorischen Steinkreis von Dromberg nach **Glandore** führt. Das sehenswerteste Dorf an diesem Küstenabschnitt ist ***Castletownshend**, dessen schöne Hauptstraße steil zum Hafen hin abfällt. Dem Stadtbild ist anzusehen, dass sich hier in nicht allzu ferner Vergangenheit das anglo-irische Bürgertum wohlfühlte.

Über **Skibbereen,** einen netten Marktflecken mit guten Einkaufsmöglichkeiten, ist oft zu lesen, dass es seine Entstehung algerischen Freibeutern verdanke. Das stimmt insofern, als verschreckte Küstenbewohner sich landeinwärts niederließen, nachdem 1631 ein nordafrikanisches Piratenschiff den Hafen ***Baltimore** überfielen und fast 200 Einwohner als Sklaven verschleppt hatte.

Heute präsentiert sich Baltimore wieder ganz friedlich; jedes Jahr kommen viele Urlauber wegen der wunderbaren Aussicht auf die Felsenküste und den Atlantik hierher, aber auch wegen des geschützten Jachthafens und der Bootsausflüge zu den vorgelagerten Inseln.

Info

Tourist Information Office
North St.][**Tel. 028/21766**
www.skibbereen.ie

Restaurant

Rolf's Restaurant/Café & Wine Bar
am Hafen von Baltimore
Tel. 028/20289
Frühstück, internationale Küche und interessante Weinkarte. ●●

Shopping

Die Grafschaft Cork weist einige der besten Wochenmärkte in Irland auf. Vor allem die Freitagsmärkte in **Skibbereen, Bandon** und **Bantry** bieten eine große Auswahl an Gemüse, Backwaren, Eingemachtem und auch Kunstgewerblichem.

*Mizen Peninsula 10

Die Fahrt über die Mizen-Halbinsel von Ballydehob über Schull zum Mizen Head, der Südwestspitze Irlands, führt durch eine der schönsten Regionen der irischen Westens. Man passiert Sandstrände und fährt an Steilküsten entlang, bevor man zu dem 1909 erbauten Leuchtturm an der Landspitze kommt. Wobei die Bezeichnung »Turm« in diesem Fall etwas irreführend sein mag, ist doch die Lichtanlage einfach auf dem flachen Dach eines Gebäudes installiert. Besonders beliebt bei Sonnenanbetern und Strandspaziergängern ist der **Barley Cove Beach** zwischen Crookhaven und Mizen Head.

Gerät und Tipps zum Tauchen, Windsurfen, Dingisegeln und Hochseeangeln vermietet das **Schull Watersports Centre** (The Pier, Tel. 028/28554).

Info

Mizen Head Visitor Center
Mizen Head][Tel. 028/35115
www.mizenhead.ie

Hotel

Schull Harbour View Hotel
East End, Schull][Tel. 028/28101
www.harbourviewhotelschull.com
Gute Lage direkt am Hafen, eigenes Restaurant und eine auch bei Einheimischen beliebte Bar. ●●–●●●

Bantry ⓫

Der Fischerhafen und Marktflecken Bantry ist ein guter Ausgangspunkt für die Erkundung der Halbinseln Mizen und Beara. Auf dem Hauptplatz, wo am ersten Freitag jedes Monats ein Viehmarkt abgehalten wird, steht die Statue von St. Brendan the Navigator, der von hier zu seiner berühmten Seefahrt aufbrach, auf der er zwischen 535 und 553 Amerika entdeckt haben soll. Der Sänger Christy Moore hat in seinem Lied »St. Brendan's Voyage« recht satirisch beschrieben, was

dem Heiligen an Entdeckungen angedichtet wird und warum er nach Irland zurückkehrte – wegen der Frauen und des Bieres.

*Bantry House, ein Landsitz in wunderbarer Lage am Westrand der Stadt, wurde 1700–1710 erbaut und um 1840 stark erweitert. Aus dem Baumbestand der im italienischen Stil angelegten Gärten blieb Richtung Nordwesten eine weite Rasenfläche ausgespart, sodass man vom Haus einen fantastischen Ausblick über die Bantry Bay mit Whiddy Island zu den violettbraunen Hügeln der Halbinsel Beara genießt. Im Innern beeindrucken blau gefleckte Scagliola-Säulen aus gepressten Marmorsplittern und zahlreiche Porträts. (Mitte März–Okt. tgl. 10 bis 18 Uhr, www.bantryhouse.com.)

Info

Tourist Information Office
Old Courthouse (am Ostende des Marktplatzes)][Tel. 027/50229
Nur April–Okt. geöffnet.

Hotel

Bantry House
Tel. 027/50047
www.bantryhouse.com
Eines der ungewöhnlicheren B&Bs mit schlichten, aber äußerst begehrten Zimmern in den Seitenflügeln des Landsitzes; den Gästen stehen einige erlesene Gemeinschaftsräume offen. ●●

Restaurant

O'Connor's Seafood Restaurant
The Square][Tel. 027/50221
www.oconnorseafood.com

Musterbeispiel eines irischen Herrenhauses: Bantry House

Vor allem feine Fisch- und Meeres-
früchtegerichte gibt es hier, es ist aber
auch Fleisch auf der Karte. Haupt-
gerichte um 25 €. Im Winter So/Mo
abends geschl. ●●

Anchor Tavern
New Street
Prallvoll mit Sammelsurium und ein-
heimischer Kundschaft, gelegentlich
Sessions.

*Sheep's Head Peninsula ⑫

Südwestlich von Bantry erstreckt
sich die schmalste und am wenigsten erschlossene Halbinsel,
die Sheep's Head Peninsula. Als
»Goat's Path Scenic Route« ist die
Straße ausgeschildert, die mit
schönen Ausblicken über Bantry
Bay bis zur Spitze beim Sheep's
Head führt.

**Beara ⑬

Glengarriff ist ein guter Ausgangspunkt für eine Rundfahrt
über die Halbinsel Beara (Ring of
Beara). Auf der R 572 verlässt man
das Städtchen und fährt in süd-
westlicher Richtung entlang der
recht rauen Küste bis zur Streu-
siedlung **Adrigole**. Hier biegt die
R 574 zum **Healy Pass** ab. 330
Meter schraubt sich die Straße in
vielen Kurven durch eine immer
karger werdende Landschaft bis
zur Passhöhe. Danach geht es mit
schöner Aussicht auf den Glan-
more-See hinunter nach **Lauragh.**
Der nun folgende Abschnitt entlang der Nordküste zählt zum
spektakulärsten Teil des Ring of
Beara. Eng und kurvenreich führt
die Straße bergauf und bergab
über Ardgroom nach **Eyeries** mit
seinen bunt bemalten Häusern.
Über Allihies erreicht man auf einer Stichstraße schließlich den

Blick auf die Caha Mountains von Glengarriff

Garinish Point, den südlichsten Punkt der Halbinsel. Hier bringt die **einzige Kabelbahn Irlands** Besucher nach **Dursey Island** (ganzj. Mo–Sa 9–10.30, 14.30 bis 16.30, 19–19.30 Uhr, So 9–10, 13–14, 19–19.30 Uhr). Viel hat die Insel nicht zu bieten, doch die schwankende Seilbahnfahrt in luftiger Höhe ist ein Erlebnis.

Auf der Südseite der Halbinsel lockt **Castletownbere**, der Hauptort von Beara. Er besitzt einen wichtigen Fischerhafen sowie zahlreiche nette Pubs und Restaurants. Auf Beara wurde die Landschaft durch Abholzung und Viehwirtschaft verändert, Burgruinen wechseln sich mit aufgelassenen Kupferminen ab, doch eine eindrucksvollere Küste findet man auch auf den beiden Halbinseln Iveragh und Dingle nicht.

Pub

MacCarthy's Bar
The Square][**Castletownbere**
Tel. 027/70014
Der leuchtend rote Pub an der Hauptstraße ist unübersehbar. Im Kramladen neben der Theke kann man auch noch kleine Einkäufe tätigen. ●

Ausflug nach Garinish Island

Die kleine Insel in der Bucht von **Glengarriff** wurde Anfang des 20. Jhs. für einen Belfaster Geschäftsmann in einen subtropischen Paradiesgarten verwandelt. Üppig blühende Beete, ein japanischer Steingarten und sogar Bonsai-Bäume sind hier zu bestaunen. (www.harbourqueenferry.com, Tel. 027/63116; Pendelverkehr März–Okt. tgl. alle 20 Min.)

*Killarney 14

Die Stadt hat – nach Dublin – mehr Fremdenzimmer als sonst ein Ort in Irland, und dazu die ärgsten Verkehrsstaus weit und breit. Gemütlicher ist da schon eine Rundfahrt in einer Pferdekutsche: An jeder Ecke warten die *Jaunting cars* mit ihren fröhlich erklärenden Kutschern. Auch die direkte Umgebung von Killarney hat einiges zu bieten: Auf der malerischen Insel Inisfallen im 8 km langen und 3 km breiten **Lough Leane** sind die Reste eines mittelalterlichen Klosters mit Ausflugsbooten von der Burgruine **Ross Castle** am Ufer zu erreichen.

t! Bei den **Pferderennen im Mai, Juli und Oktober** kann man das wahre Irland miterleben (**Killarney Racecourse,** Ross Road, Tel. 064/31125; www.turfclub.ie).

Info

Tourist Information Office
Beech Road][Tel. 064/31633
www.killarney.ie

Verkehrsmittel

■ **Bahnverbindungen:** nach Cork (umsteigen in Mallow) sowie direkt nach Dublin über Limerick (Fahrplaninfo: Tel. 064/31067).
■ **Busverbindungen:** Bus Éireann nach Tralee, Cork, Galway, Limerick, Rosslare; im Sommer Ring of Kerry mit Halt in mehreren Dörfern (Fahrplaninfo: Tel. 064/34777).

Hotel

Foley's Town House
24 High St.][Tel. 064/31217
www.foleystownhouse.com
Gemütliche Bar, traditionelles irisches Essen im Restaurant, gut ausgestattete und individuell gestaltete Gästezimmer sowie zwei Suiten: **eine Oase mitten in der Stadt,** auch für Familien. ●●

Restaurant

Laune & Taylors
102–103 New St.][Tel. 064/32772
Anheimelndes Pub-Restaurant mit traditioneller irischer Küche, aber auch vegetarische Gerichte. ●●

Shopping

Variety Sounds
7 College St.][Tel. 064/35755
CDs, Instrumente sowie Zubehör für Freunde irischer Musik.

Killarney National Park 🔢

Mittelpunkt des über 10 000 ha großen Killarney National Park ist **Muckross House.** Im Jahre 1843 erbaut, beherbergt das imponierende Herrenhaus heute das **Kerry Folklife Centre,** in dem Exponate und Handwerksdemonstrationen das Leben der Landbevölkerung in vergangenen Jahrhunderten beleuchten. Ein bemerkenswerter Wassergarten und die Ruine des Franziskanerklosters **Muckross Abbey** aus dem 15. Jh. mit sehenswertem Kreuzgang machen einen Besuch umso lohnender (Juli–Aug tgl. 9–19 Uhr, sonst bis 17.30 Uhr; www.muckross-house.ie).

Bei Besuchern sehr beliebt sind **Fahrten mit der Pferdekutsche** durch den Park.

Muckross House

Ring of Kerry

Die 179 km lange Rundfahrt um die Halbinsel **Iveragh,** die auch als Ring of Kerry bekannt ist, erschließt **eine der großartigsten Landschaften Irlands.** Zumindest im Sommer, wenn unzählige Busse in derselben Richtung unterwegs sind, sollte man die Tour in **Killarney** beginnen und von dort in Richtung **Killorglin** fahren. So erspart man sich auf den engen Straßen manches Ausweichmanöver.

Die Straße N 70 führt an der Nordküste entlang zwischen kargen Hügeln auf der einen und dem Meer auf der anderen Seite. Einen kurzen Stopp sollte man in **Cahersiveen** einlegen, wo das Geburtshaus von Daniel O'Connell (1775–1847), einem der wichtigsten Politiker der irischen Freiheitsbewegung, steht.

Die nächste Sehenswürdigkeit ist das ****Skellig Experience Centre** auf der mit dem Festland durch eine Brücke verbundenen **Valentia Island** 🔟 (März, April, Okt., Nov. Mo–Fr 10–17 Uhr, Mai, Juni, Sept. bis 18 Uhr, Juli, Aug. tgl. bis 19 Uhr; www.skelligexperience.com). Es erklärt die Natur und die Besiedelungsgeschichte der nur wenige Kilometer vor der Küste liegenden **Skellig Islands** 🔟. Auf den steilen und heute menschenleeren Eilanden lebten einst Mönche, jetzt sind sie ein Paradies für Seevögel. Die Klosterruine von *****Skellig Michael,** von der UNESCO zum Welterbe erklärt, gehört zu den besterhaltenen Zeugnissen aus frühchristlicher Zeit. George Bernard Shaw hat über diesen Ort gesagt, er gehöre nicht in unsere, sondern in eine Traumwelt. Besuchen kann man die meerumtosten Inseln nur in der Zeit zwischen Mai und Oktober, und auch dann nur bei gutem Wetter.

Zurück auf dem Festland, führt die Straße von Portmagee über den Coomakesta Pass und vorbei am **Staigue Stone Fort**, einer Ringfestung aus der Eisenzeit, in die Ortschaft **Sneem** mit ihren bunten Häuserfassaden. Bei ***Moll's Gap** und später ***Lady's View** genießt man nochmals herrliche Ausblicke – hier auf eine weite Moorlandschaft, dort über die Seen von Killarney.

Kenmare 🔞

Das lebhafte Städtchen Kenmare mit seinen pastellfarben getünchten Häusern dient vielen Touristen als Übernachtungsstopp bei der 179 km langen Umrundung des Ring of Kerry.

Hotels

■ **Sheen Falls Lodge**
Tel. 064/664 1600
www.sheenfallslodge.ie
Herrlich gelegenes Spitzenhotel, das höchsten Ansprüchen gerecht wird. Mit Spa. ●●●

■ **Rose Cottage**
The Square][**Tel. 064/664 1330**
www.kenmare.eu/rosecottage
Kleines B&B mit nur drei Zimmern in einem gemütlichen alten Häuschen.
●–●●

5 **Dingle Peninsula 19**

Weniger bekannt, aber vielleicht noch schöner als der Ring of Kerry, ist die Dingle-Halbinsel. Die Westseite des schmalen Landvorsprungs südlich des Dorfes Inch nimmt ein wunderbarer, 5 km langer Sandstrand ein. Bei Sonnenuntergang ist der Blick über das Meer an der Küste entlang bis hinaus zu den Blasket-Inseln atemberaubend.

Am Hafen des geschäftigen Ferien- und Fischerdorfes **Dingle** drängen sich Pubs, Restaurants und B&Bs. Die Attraktion ist der **Delfin Funghi,** der schon jahrelang im sauberen Wasser der Dingle Bay lebt.

Von Dingle aus führen zwei Straßen zu ganz besonderen Sehenswürdigkeiten. Die R 559 umrundet die Spitze der Halbinsel, den **Slea Head,** der ungeachtet der vorgelagerten Inseln als westlichster Punkt Europas gilt. Vor Slea Head kommt man an **Ventry** mit seinem schönen geschützten Strand vorbei. Rund 7 km südwestlich des Orts erreicht man über einen ausgeschilderten Feldweg die Ruine von **Dunbeg Fort,** eine erstaunlich komplexe eisenzeitliche Festung direkt über dem Meer. Von diesem Küstenabschnitt aus fällt der Blick auf die eher bedrohlich wirkenden felsigen **Blasket Islands** im Meer. Von Dunquin oder Dingle kann man zu den Inseln übersetzen, die seit 1953 unbewohnt sind.

In **Ballyferriter** informiert das Corca Dhuibhne Regional Museum über die jüngere Geschichte der Region und die unzähligen Funde aus prähistorischer und frühchristlicher Zeit (April–Okt. tgl. 10–18 Uhr, www.dingle-peninsula.ie). So steht z.B. nur wenig außerhalb des Dorfs in der Klosterruine von Riasc (5. oder 6. Jh.) ein ornamentierter Stein, der als Vorläufer keltischer Hochkreuze gilt. Besonders beeindruckend ist jedoch das frühchristliche **Gallarus-Oratorium** östlich von Ballyferriter. Dabei ist das Gebetshaus gar nicht überwältigend groß oder reich verziert, im Gegenteil: Hier steht seit mehr als 1200 Jahren ein ästhetisch perfekter Bau, dessen schlichte Eleganz und dauerhaft wasserdichte Konstruktion auch heute noch Respekt verdienen.

Von Gallarus führt die gewundene Straße nach Dingle zurück und von dort über den **Connor Pass.** Auf der Passhöhe (457 m) eröffnet sich der schönste Ausblick über die Halbinsel, u.a. auf den Mount Brandon und die weite Brandon Bay. Deren Ostseite bildet eine Landspitze mit Irlands längstem Sandstrand: **Stradbally Beach erstreckt sich über 19 km!**

Westirland

Nicht verpassen!

- Wandern entlang der Steilküste von Moher
- Essen wie im Mittelalter im Bunratty Castle
- Zu Fuß durch die karge Landschaft von The Burren
- Livemusik in einem der Pubs von Galway
- Mit dem Schiff zu den Aran-Inseln
- Mit Auto und Fotoapparat auf die Sky Road bei Clifden

Zur Orientierung

Was Eroberern vor dem 17. Jh. am irischen Westen so uninteressant erschien, dass sie sich kaum dort sehen ließen, zieht heute viele Reisende an: die dünn besiedelte, karge Landschaft mit zerklüfteten Küstenstrichen, insbesondere in der Provinz Connacht westlich von Lough Corrib, Lough Mask und Lough Conn, aber auch die spröde Felslandschaft des Burren und die schroffen Klippen von Moher (Bild links). Unverdorben sei die Region, wird oft behauptet, aber im Kontext der irischen Geschichte ist unverdorben gleichbedeutend mit arm. Wer heute die Gaeltachts – jene Gebiete, in denen hauptsächlich irisch gesprochen wird – im Westen von Galway, im Nordwesten der Grafschaft Mayo und auf den Aran-Inseln besucht, sollte daher auch bedenken, welche Opfer die Bevölkerung erbringen musste, um ihrer Heimat treu zu bleiben.

Touren in der Region

Von Limerick an die Westküste

⑫ Limerick › Bunratty Castle › Ennis › Cliffs of Moher › Doolin › Aran Islands › The Burren › Dunguaire Castle › Lough Derg › Limerick

Dauer: 3 Tage
Praktische Hinweise: Der Parkplatz der Cliffs of Moher kostet 8 €. Wer Geld sparen und zudem eine herrliche Wanderung machen will, kann auf dem Klippenwanderweg von Doolin nach Liscannor zu Fuß zu den Cliffs gehen.

Auf dieser Rundfahrt kann man sowohl Kultur als auch Natur des irischen Westens erleben. Am ersten Tag fährt man von **Limerick** › S. 102 zum kantigen ****Bunratty Castle** › S. 103. Bei den spektakulären ****Cliffs of Moher** › S. 104 sollte man an der Steilküste entlangwandern. Nur so spürt man die Großartigkeit dieser einmaligen Landschaft. Nach der Übernachtung in **Doolin** › S. 105 geht es hinaus zu den ****Aran-Inseln** › S. 109. Für einen ersten Eindruck reicht ein Tag völlig aus, den man noch ausdehnen kann, indem man dort übernachtet. Die Verführung ist groß, länger zu bleiben. Auch am dritten Tag braucht man in der faszinierenden, kargen Landschaft von ****The Burren** › S. 105 Zeit, um das Gesehene auf sich wirken zu lassen, bevor **Dunguaire Castle,** ähnlich trutzig wie Bunratty und einst Treffpunkt der Literaten (Mai–Sept. 9.30–17 Uhr) am Ostufer des **Lough Derg** nach Limerick zurückfährt.

Westirland

0   20 km

Von Galway nach Connemara

⊷⑬⊷ Galway › Connemara N.P. › Clifden › Louisburgh › Croagh Patrick › Westport › Ashford Castle › Galway

Dauer: 2 Tage
Praktische Hinweise: So freundlich die Iren sonst sind, die Parkwächter in Galway sind von der harten Sorte. In der ganzen Stadt darf nur gegen Bezahlung geparkt werden. Hinweisschilder stehen nur an den Stadteinfahrten, und wer diese übersieht bzw. ignoriert, für den wird der Aufenthalt in Galway teuer.

Die Kneipen von ***Galway** › S. 106 und die wilde Landschaft des Connemara National Park sind die beiden gegensätzlichen Höhepunkte dieser Rundfahrt. Trotzdem wird die Tour vor allem Natur- und Wanderfreunde begeistern. Der erste Tag ist ganz dem Gebiet von ***Connemara** › S. 110 mit seinen zahlreichen Wanderpfaden und dem ****Connemara National Park** › S. 111, einem der schönsten Naturschutzgebiete Irlands, gewidmet. Übernachtungsmöglichkeiten gibt es in **Clifden** › S. 111. Am zweiten Tag führt die Tour über **Louisburgh** › S. 113 zum **Croagh Patrick** › S. 113, dem heiligen Berg der Iren. Seine Besteigung ist ein spezielles Erlebnis, besonders am letzten Sonntag im Juli, wenn sich Zehntausende Iren zu Ehren des Nationalheiligen auf den Weg

machen. Auf der Rückfahrt über **Westport** › S. 113 und Castlebar bietet sich das überaus prunkvolle Luxushotel **Ashford Castle** (Tel. 094/9546003, www.ashford.ie) bei Cong für eine Teepause an.

Rundtour südlich von Sligo

⊷⑭⊷ Sligo › Ballina › Belmullet/Mullet-Halbinsel › Westport › Newport › Achill Island › Knock › Sligo

Dauer: 2 Tage
Praktische Hinweise: Mullet ist nur dünn besiedelt. Wer Proviant mitnimmt und den Benzinstand im Auge behält, macht sicher keinen Fehler.

Diese Rundfahrt führt in die entlegensten Teile Irlands. Ausgangspunkt ist die Provinzhauptstadt **Sligo** › S. 116, die vor allem für Literaturfreunde einen längeren Aufenthalt lohnt, wurde doch hier der Dichter William Butler Yeats geboren. Die erste Etappe führt über **Ballina** › S. 115 auf die Halbinsel **Mullet** › S. 115. Die wenigen Einwohner, die hier leben, sprechen meist gälisch und sind durch ihre traditionelle Musik bekannt. Ein abendlicher Besuch in einem lokalen Pub ist sicher ein Erlebnis. Nach Übernachtung in **Westport** › S. 113 ist **Achill Island**, mit dem Festland durch eine Brücke verbunden, wegen der schönen Strände einen Besuch wert. An der Strecke zurück nach Sligo liegt **Knock** › S. 115, einer der bedeutendsten Pilgerorte Irlands.

Unterwegs in Westirland

Limerick

Limerick, drittgrößte Stadt Irlands und wichtiges Zentrum des Bootstourismus auf dem Shannon, wurde bereits im 9. Jh. von den Wikingern gegründet. Lange war Limerick eine arme Stadt, doch in den letzten Jahren hat vor allem die Ansiedlung vieler multinationaler Firmen für wirtschaftlichen Aufschwung gesorgt.

Sehenswert ist das im 13. Jh. errichtete **King John's Castle** im Herzen des mittelalterlichen Stadtkerns auf King's Island. Weiter südlich erhebt sich die **St. Mary's Cathedral**. Geht man weiter in südlicher Richtung über die Matthew Bridge, erreicht man das **Hunt Museum**, das im georgianischen Custom House am Charlotte's Quay untergebracht ist. Es zeigt die Sammlung des Archäologen John Hunt sowie wechselnde Ausstellungen (Mo–Sa 10 bis 17 Uhr, So 14–17 Uhr, www.huntmuseum.com). Durch die Einkaufsstraße O'Connell Street gelangt man zur **Limerick City Gallery of Art**, die eine umfangreiche Sammlung irischer Kunst vom 18. bis 20. Jh. beherbergt.

Info

Limerick Tourist Office
Arthur's Quay][Limerick City
Tel. 061/317522
www.visitlimerick.com

Hotel

Two Mile Inn
Ennis Road][Tel. 061/326255
www.dghotels.com

King John's Castle beherrscht Limerick, die drittgrößte Stadt der Republik

Preisgünstiges Hotel an der N 18, sauber und ohne viel Schnickschnack. Auch Familienzimmer. ●—●●

Azur Café and Brasserie
36 O'Connell St.][**Tel. 061/314994**
Ein Hauch Frankreich in Limerick. Trotz der Bezeichnung Café kann man hier auch essen. Besonders die Fischgerichte sind beliebt. ●—●●

6 **Bunratty Castle** ❷

Das 1425 erbaute Bunratty Castle gilt als die am vollständigsten und authentischsten erhaltene bzw.  **restaurierte mittelalterliche Burg** Irlands. Allabendlich werden um 17.30 und 20.45 Uhr mittelalterliche Bankette veranstaltet, bei denen Besucher den Bunratty Singers lauschen und gutes Essen samt Wein und Honigmet genießen können. Im angeschlossenen Freiluftmuseum, dem **Bunratty Folk Park**, bekommen Besucher einen Einblick in das irische Landleben des 19. Jhs. (Juni–Aug. Mo–Fr 9–17.30, Sa, So 9–18, Juni bis Mai, Sept–Dez. tgl. 9 bis 17.30 Uhr, www.shannonheritage. com; Bankette: Tel. 061/361511 oder 360788).

Ennis ❸

Der Hauptort des County Clare mit seiner kleinen, gemütlichen Innenstadt ist Ausgangspunkt für die Erkundung der Grafschaft, von der Steilküste bei Kilkee und

Moher bis zur Karstlandschaft des Burren ❯ S. 105. Sehenswert sind die Ruinen des Franziskanerklosters **Ennis Friary.**

Old Ground
O'Connell St.][**Tel. 065/682 8127**
www.flynnhotels.com
Kinderfreundliches, gepflegtes Stadthotel bei der Kathedrale in einem schönen historischen Bau. ●●●

JM's Bistro
im Temple Gate Hotel][**The Square**
Tel. 065/682 3300
www.templegatehotel.com
Geschmackvoll in eine ehemalige Klosterkirche integriertes Restaurant mit internationaler Speisekarte. So auch mittags geöffnet. ●●●

Echt gut!

Die schönsten Schlösser und Burgen

■ Eine Bilderbuchburg aus dem Mittelalter ist das trutzige **Bunratty Castle**. ❯ S. 103
■ **Trim Castle,** malerisch in den Flussauen des Boyne gelegen, dient immer wieder als Filmkulisse – wie etwa bei »Braveheart«. ❯ S. 65
■ **Russborough House** wurde um 1750 für den späteren ersten Earl of Milltown erbaut. ❯ S. 66
■ Zur **Powerscourt Estate** gehört eine 20 ha umfassende wundervolle Gartenanlage mit fantastischen Ausblicken. ❯ S. 66
■ **Dunluce Castle** auf einer Klippe hoch über dem Meer ist eine Ruine für romantische Gemüter. ❯ S. 130

Cliffs of Moher, Brutgebiet für ca. 30 000 Seevögel

7 **Cliffs of Moher** 4

Die 8 km langen und am höchsten Punkt 203 m senkrecht ins Meer abfallenden Klippen gehören zu den spektakulärsten Küstenabschnitten in Westeuropa und ziehen jedes Jahr fast 1 Mio. Besucher an. Gut zu sehen ist der schichtweise Aufbau aus Schiefer und Sandstein. In den Klippen nisten Tausende von Seevögeln. Das neue Besucherzentrum wurde komplett unterirdisch gebaut und informiert multimedial z.B. über die Geschichte der Cliffs of Moher (**Visitor Centre**, www.cliffsofmoher.ie; angeschlossen sind Restaurant, Café und Souvenirshop; tgl. ab 9 Uhr, Juli, Aug. bis 21.30 Uhr).

Wer möchte, kann von Liscannor bis Doolin den Klippen entlangwandern und entkommt so dem Andrang der Massen. Am Südende der Cliffs of Moher zieht sich der bei Surfern beliebte Strand zum **Hag's Head.**

Doolin 5

Doolin zählt zu den herausragenden **Zentren irischer Volksmusik.** Seine Pubs sind wegen ihrer allabendlichen Livemusik legendär. Einen **Campingplatz** gibt es an Doolins Hafen, von wo im Sommer auch Fähren zu den Aran-Inseln (❭ S. 109) ablegen (Doolin Ferries, Tel. 065/707 4455, www.doolinferries.com).

Hotel

Aran View House Hotel
Tel. 065/707 4061
www.aranview.com
Das rosafarbene, außerhalb des Orts gelegene Hotel bietet seinen Gästen den Charme eines Landhauses aus dem 18. Jh. inmitten der herrlichen Landschaft von The Burren. ●—●●

Nightlife

Jeder Pub in Doolin bietet Livemusik. Neben **O'Connor's** (**Pier Rd.,** Tel. 065/707 4168, ●—●●), wo auch das Essen eine Erwähnung wert ist, sind dies **McGann's** (Roadford, Tel. 065/707 4133, www.mcgannspubdoolin.com) und **McDermott's** (Roadford, Tel. 065/707 4328, www.mcdermottspub doolin.com).

8 **The Burren 6**

Nördlich und östlich von Lisdoonvarna fasziniert diese ungewöhnliche, karge Wildnis. Rund 1670 ha stehen als Nationalpark (www.theburren.ie) unter Schutz. Aus porösem Kalkstein, der sich

Flora im Burren

hier in Platten erstreckt, entstand eine für Irland einzigartige Landschaft kahler Felsanhöhen voll von Höhlen, aber ohne Oberflächenwasser. Nur **Aillwee Cave im** **nördlichen Burren ist als Schauhöhle zugänglich.**

In prähistorischer Zeit war die Landschaft noch weitgehend mit einer dünnen, bewachsenen Erdschicht bedeckt. Aber schon vor etwa 5000 Jahren kamen die ersten Siedler hierher, begannen zu roden und ihr Vieh zu weiden. Mit der Zeit legte die daraus resultierende Erosion den Fels bloß. Mehr als 60 Megalithgräber und fast 500 jungstein- und eisenzeitliche Ringanlagen hat man bisher in der Region entdeckt.

Das augenfälligste Monument ist *Poulnabrone Dolmen an der R 480, ein tischförmig angelegtes, ursprünglich mit Erde bedecktes Steingrab aus der Zeit um 3000 v. Chr., dessen massive Deckplatte über 2 x 3 m misst.

Dramatisch über einem Flusstal liegt das Steinfort *Cahercommaun aus dem 8. oder 9. Jh., das man vom Dorf Carran aus erreicht. In Kilfenora bietet das Burren Display Centre Wissenswertes zu Geologie, Archäologie, Flora und Fauna (Einführungs-Film mit deutschsprachigem Tonbandkommentar; Mitte März bis Mai, Sept., Okt. tgl. 10–17 Uhr, Juni–Aug. 9.30–17.30 Uhr; www.theburrencentre.ie).

Lisdoonvarna **7**

Die wenigsten Urlauber, die auf dem Weg von den Cliffs of Moher nach Galway in Lisdoonvarna Halt machen, denken daran, im hübschen Spa Wells Centre (tgl. Juni–Okt.) inmitten seines Parks das (z.B. bei Rheumabeschwerden empfohlene) Schwefelwasser zum Trinken oder Baden zu nutzen – dabei ist Lisdoonvarna das **einzige medizinische Heilbad in ganz Irland.**

Hotel

Sheedy's Country House
Tel. 065/707 4026
www.sheedys.com
11 bequeme, individuell gestaltete Gästezimmer, viel Flair und ein gutes Restaurant (nur abends) mit moderner irischer Küche. ●●

9 *Galway

Viele Besucher finden in der knapp 70 000 Einwohner zählenden Stadt ihre Idealvorstellung von Irland verwirklicht: Die bis ins 16. Jh. zurückreichende Bebauung um den Hafen und in der Altstadt ist malerisch und weitgehend gut erhalten. Einen hervorragenden Ruf genießt die 1849 gegründete Universität (University College Galway), nicht zuletzt bei Studenten aus Kontinentaleuropa und Nordamerika.

Südlich der Stadt erstreckt sich die einzigartige Landschaft des **Burren** › S. 105, im Norden schimmert Lough Corrib, der größte See der Republik, inmitten von grünen Weiden zwischen Steinmauern; im Westen bieten **Connemara** › S. 110 und die **Aran-Inseln** › S. 109 wildromantische Atlantikküsten und tragen mit ihren Gaeltachts dazu bei, dass Galway als Zentrum für das Studium der irischen Sprache gilt.

Die Innenstadt von Galway ist für den Verkehr gesperrt (strenge Parkregelungen in der ganzen Stadt!). Das Zentrum lässt sich gut zu Fuß vom **Eyre Square** aus erkunden, dessen Grünanlage offiziell John F. Kennedy Memorial Park heißt.

Galways lebendige Musikszene genießt weithin einen guten Ruf. Doch bevor man sich für einen der vielen Musikpubs entscheidet, sollte man noch dem relativ neuen **City Museum** (Spanish Arch, www.galwaycitymuseum.ie; Di bis Sa 10–17 Uhr), der **Kathedrale**

Galway verführt mit viel Flair und attraktiven Geschäften zum Bleiben

und dem **Nora Barnacle House**
(8 Bowling Green, Tel. 091/
564743), in dem die Ehefrau von
James Joyce gewohnt hat, einen
Besuch abstatten.

Info

Tourist Information
Forster St.
Tel. 091/537700
www.discoverireland.ie/west und
www.galwaycity.ie

Verkehrsmittel

■ **Flughafen: Galway Airport,**
Carnmore, 10 km östl. des Zentrums,
Tel. 091/755569, www.galwayairport.
com; tgl. Flüge nach Dublin, Großbritannien, Amsterdam u.a.
■ **Bahnhof: Ceannt Railway Station**
(nahe Eyre Square): Verbindungen
nach Dublin.
■ **Busverbindungen: Bus Éireann**
am Bahnhof (Fahrplaninfo: Tel. 091/
562000); Verbindungen nach

Connemara, in den Burren und in alle
größeren Städte.
■ **Fährverbindungen:** in der
Hochsaison tgl. von Galway Docks
zu den Aran Islands (ganzjährig
von Rossaveel, 37 km westlich von
Galway).

Hotels

■ **Ardilaun House**
Taylor's Hill][**Tel. 091/521433**
www.theardilaunhotel.ie

Der Claddagh-Ring

Ein typisches Souvenir aus Galway ist der Claddagh-Ring, ein
Symbol für Liebe und Freundschaft.
Motiv des Rings sind zwei Hände,
die ein Herz einschließen, über
dem sich eine Krone befindet.
Verheiratete tragen den Ring so,
dass die Krone zur Hand zeigt,
Ledige anders herum.

Ein riesiges Landhaus von 1840 mit Plüsch und Kristall in ruhiger Lage südlich des Zentrums. ●●●

■ Hotel Meyrick

Eyre Square][**Tel. 091/564041**
www.hotelmeyrick.ie
Großes, sehr vornehmes Stadthotel von 1845, aufwendig renoviert, mit Restaurants und eigenem Spa. ●●●

■ The Heron's Rest

The Long Walk][**Spanish Arch**
Tel. 091/539574
www.theheronsrest.com
Angenehmes B&B mit Blick auf den Hafen. Nur Mitte Mai bis Sept. geöffnet. ●●

■ sleepzone

Bothar Na mBan][**Tel. 091/566999**
www.sleepzone.ie
Modernes Hostel nahe dem Eyre Square mit Einzel- und Mehrbettzimmern, Küche für Selbstversorger und Internetcafé. ●

Austern satt

Die vielen guten Restaurants der Stadt bieten die berühmten Austern aus der Galway Bay an. Alljährlich im September, zu Beginn der Austernsaison, findet im kleinen Hafen Clarinbridge 11 km südlich von Galway ein **Oyster Festival** mit Wettbewerben im Öffnen und Essen von Austern statt. Am Ende des Monats wiederholt sich das Ganze über vier Tage in Galway selbst, mit ungleich größerem Besucherandrang, kostümierten Einheimischen, Tanzvorführungen, einem Rennen des Schankpersonals mit vollen Stoutgläsern etc. (www.galwayoysterfest.com).

Restaurants

■ Nimmo's Restaurant & Wine Bar

Spanish Arch][**Tel. 091/561114**
www.ardbia.com
Im Untergeschoss befindet sich die Weinbar (Di–So 19–23 Uhr) mit preisgünstigem Essen, im Restaurant darüber (Do–Sa 18.30–22.30 Uhr) werden exzellente, recht hochpreisige Fischgerichte serviert. ●●–●●●

■ Conlon Seafood Restaurant

3 Eglinton St.][**Tel. 091/562268**
Eine gute Adresse für Gerichte mit Meeresfrüchten, von Austern bis Fish 'n' Chips. So nur abends geöffnet. ●

Shopping

Südlich des Eyre Square blieb inmitten des modernen Einkaufszentrums **Eyre Square Centre** ein Teil der mittelalterlichen Stadtmauer als »Medieval Street« erhalten. Am Ende der Mauer tritt man auf die **William Street** hinaus, die mit den Verlängerungen **Shop Street**, **High Street** und **Quay Street** durch den alten Stadtkern und zu interessanten Läden führt, z.B. **Zhivago** für irische Musik, **Eason's Bookshop**, **Kenny's Bookshop & Gallery** (eines der führenden Antiquariate Irlands mit Kunstgalerie) und zahlreiche Handarbeits- sowie Kunstgewerbeläden.

Nightlife

■ Aras na Gael

45 Dominick St.][**Tel. 091/567824**
Dieses Kulturzentrum pflegt traditionelle Musik und Volkstheater in irischer Sprache.

■ GPO

Eglinton St.][**Tel. 091/563073**
www.gpo.ie
Trendiger Nachtclub: Disko, auch Live-Bands und Comedy.

■ **Tigh Neachtain**
17 Cross St.][**Tel. 091/568820**
www.tighneachtain.com
Freundliche Bar für Musikfreunde im
Viertel mit den meisten Lokalen in
Galway City.

****Aran Islands** 🟦

Die Inseln, die wie eine Barriere
vor der Mündung der Galway Bay
aufgereiht sind, bilden geologisch
eine Fortsetzung des Burren-
Kalksteinmassivs und scheinen
nur aus Stein mit kleinen grünen
Flecken zu bestehen.

Auf den bewohnten Inseln *Inis
Mór* (englische Schreibweise:
Inishmore; zu Deutsch: große Insel), *Inis Meáin* (Inishmaan; Mit-
telinsel) und *Inis Oírr* (Inisheer;
Ostinsel) leben etwa 1500 Perso-
nen, deren Muttersprache das Iri-

sche ist. Ein Auto braucht man
dort nicht. Selbst Inishmore, wo
Kleinbusse fahren und man gegen
ein geringes Entgelt einen Pony-
wagen samt Kutscher oder ein
Fahrrad mieten kann, ist nur
13 km lang und nirgends breiter
als 3 km. Busausflüge mit mittel-
samen Fahrern bringen einen
vom Hafen Kilronan zu den Sehenswürdigkeiten, etwa dem
spektakulären ****Dun Aengus**,
einer massiven Steinfestung auf
Klippen, die über 100 m tief ins
Meer abfallen. Wer die Erbauer
der Festung waren, ist ebenso
unklar wie die Entstehungszeit:
die Hypothesen reichen von 500
v. Chr. bis ins 8. Jh. n. Chr.

Im Gemeindesaal des Hafen-
orts **Kilronan** wird im Sommer
mehrmals täglich der berühmte
Dokumentarspielfilm »Man of

Die Festung Dun Aengus sicherte einst die Küste der Insel Inishmore

Aran« von 1934 gezeigt. Der amerikanische Filmemacher Robert J. Flaherty ließ für Aufnahmen »aus dem Alltag« eigens mehrere strohgedeckte Katen errichten, die noch heute in der Nähe des schönen Strands an der Bucht von Cill Mhuirbhigh (Kilmurvey) stehen.

Info

Tourist Information Office
in Kilronan am Hafen
Tel. 099/ 61263
www.visitaranislands.com

Verkehrsmittel

■ **Flugverbindung: Aer Árann,** Tel. 01/844 7700, www.aerarannislands.ie. Von Connemara Airport bei Inverin, 36 km westl. von Galway (zu allen drei Inseln, Flugzeit ca. 8–10 Min.).

Connemara – eine eigene Welt

*Connemara

Ein Ausflug in das wilde Bergland von Connemara mit seinen Sümpfen und Mooren zählt zu den schönsten Erlebnissen, die Westirland zu bieten hat. Connemara heißt der Gaeltacht-Teil der Grafschaft Galway auf der Halbinsel westlich von Lough Corrib und Lough Mask. Der Name verkürzt das irische *Conmaicne-mara*, das etwas so viel wie »Stamm des Conmac am Meer« bedeutet – die legendäre Königin Maeve soll das Gebiet einem ihrer Söhne zugewiesen haben.

Da von Galway mehrere lohnende Routen nach **Clifden,** der »Hauptstadt von Connemara« und größten Ortschaft der Region, zur Wahl stehen, sollte man Abstecher von der jeweiligen Straße machen. Die N 59 ist die schnellste Verbindung von Galway nach Clifden. Sie führt vorbei an zahllosen kleinen Seen und den Gebirgszügen der **Maamturk Mountains** und der **Twelve Bens** (auf manchen Karten »Twelve Pins«) im Norden.

Man kann auch dem Nordufer der Galway Bay folgen und sich westlich von Inverin für ein paar Stunden (oder Tage) im Gewirr der schmalen Nebenstraßen und Fahrwege verlieren. In **Cashel** trifft man auf viktorianische Landhäuser, die als *sporting lodges* für Jagd- und Angelgesellschaften besserer Kreise gebaut wurden. Heute dienen sie als Hotels.

■ **Fährverbindungen:** von **Galway** bzw. Rossaveel in Connemara (Aran Island Ferries, Tel. 091/568903, www.aranislandferries.com; im Sommer tgl. mehrfach nach Inishmore, 45 Min.), von **Doolin** (Doolin Ferries, Tel. 065/707 4455, www.aerarann islands.ie; tgl. mehrmals nach Inisheer, ca. 30 Min., im Sommer auch nach Inishmore). Es fahren auch Boote zwischen den einzelnen Inseln.

Hotel

Tigh Fitz
Killeany, Inis Mór][**Tel. 099/61213**
www.tighfitz.com
Einfache Übernachtung in einem Dreisternehotel. Vom Bett aus Blick aufs Meer. ●

Shopping

Westlich des malerischen Fischerdorfs **Roundstone** befindet sich der unaufdringliche moderne Gewerbekomplex **Roundstone Musical Instruments IDA Craft Centre,** wo Flöten, Tin whistles und Harfen hergestellt und zum Verkauf angeboten werden. Bei Kennern in aller Welt berühmt ist die Bodhran-**Werkstatt von Malachy und Anne Kearns,** die die begehrten irischen Trommeln in Handarbeit fertigen.

10 **Conne-
mara N.P.** **10**

Eines der ältesten und schönsten Naturschutzgebiete Irlands erstreckt sich nordöstlich von Clifden über ca. 2950 ha Torfmoor, Felsen und Heideland. Über die Besonderheiten des Connemara National Park informiert mit

Im Connemara National Park

Schautafeln ein Besucherzentrum im Dorf **Letterfrack.** Im Juli/Aug. kann man sich mittwochs und freitags **2- bis 3-stündigen geführten Wanderungen** anschließen (Tel. 095/ 41323; Park Visitor Centre März–Okt. tgl. geöffnet; www.connemaranationalpark.ie).

Clifden **11**

Der um 1812 vom örtlichen Großgrundbesitzer John d'Arcy aus dem Boden gestampfte Ort hat im Gegensatz zu den Straßendörfern der Umgebung einen echten Mittelpunkt mit einem Marktplatz, von dem die Hauptstraßen abgehen. Clifden ist heute ein Touristenzentrum, gut versorgt mit Pubs, Restaurants und Läden, z.B. dem Bekleidungsgeschäft Millar's Connemara Tweed.

Die **schöne Aussichtsstraße** ***Sky Road** führt vom Marktplatz als 13 km lange Schleife auf eine Landspitze, von deren Anhöhen man die Atlantikküste überblicken kann.

Kaffeepause in Clifden

Connemara Tourism
The Square][Tel. 095/22622
www.connemara-tourism.org

Verkehrsmittel

Busverbindungen: Bus Éireann,
Market St.; im Sommer tgl. Busse
direkt nach Galway; Verbindungen
nach Westport.

Hotels

■ **Abbeyglen Castle**
Sky Road][Clifden
Tel. 095/21201
www.abbeyglen.ie
Echt gut! **Großzügige Zimmer und Suiten** in
einem Schloss aus Beton, das sich in
den 1930er-Jahren ein Gentleman-
Rennfahrer bauen ließ. ●●●
■ **Cashel House**
Cashel][Tel. 095/31001
www.cashel-house-hotel.com

Tophotel mit Edelrestaurant und
kleinem Privatstrand. ●●●
■ **Zetland Country House**
Cashel Bay][Tel. 095/31111
www.zetland.com
Auf einer Anhöhe mit schönem Aus-
blick, gemütliche Komfortzimmer. ●●●
■ **The Quay House**
Beach Rd.][Clifden][Tel. 095/21369
www.thequayhouse.com
Ein B&B zum Wohlfühlen: schöne,
antik eingerichtete Zimmer im ältesten
Haus des Ortes. ●●
■ **Ivy Rock House**
Letterdyfe (ca. 2 km von Roundstone)
Tel. 095/35872
www.ivyrockhouse.com
Kleines B&B mit Meerblick. ●—●●

Restaurants

■ **Mitchells Seafood Restaurant**
Market St.][Clifden][Tel. 095/21867
Die Spezialitäten verrät der Name.
So und Nov.–April geschl. ●●
■ **E.J. King's**
The Square][Clifden
www.ejkings.com
Meist voller Pub, anständiges Essen,
im Sommer Folkmusik. Bei Sonne kann
man draußen am Dorfplatz essen. ●

Kylemore Abbey 🄬

Östlich von Letterfrack sieht man
von der Hauptstraße N 59 aus die
imposante Kylemore Abbey. Der
1866 als Landsitz für den Kauf-
mann und Politiker Mitchell
Henry errichtete neugotische Bau
beherbergt seit 1922 ein Benedik-
tinerinnenkloster mit Mädchen-
pensionat. Teile der Anlage und

der Gärten sind im Sommer zugänglich (Visitor Centre, Kapelle, Kirche, Walled Garden März bis Okt. tgl. 9–18, sonst 10–16.30 Uhr; www.kylemoreabbey.com).

Louisburgh 13

Durch das wildromantische Tal mit dem lang gestreckten »schwarzen See« Doo Lough erreicht man das schmucke Dorf Louisburgh mit seinen Häuserreihen aus dem 18. Jh. Das örtliche **Granuaile Visitor Centre** (Juni–Sept. tgl. 10–18 Uhr) erzählt die Geschichte der Piratin Grace Ó Malley und zeigt auch eine Ausstellung zur Hungersnot des 19. Jhs.

Noch bessere Informationen zu diesem bedrückenden Thema bietet das **Irish Famine Museum** auf dem Landsitz Strokestown Park House (Strokestown, Co. Roscommon, ca. 120 km östl., Tel. 071/963 3013, Mitte März–Okt. tgl.; www.strokestownpark.ie).

In der Umgebung von Louisburgh gibt es mehrere ausgedehnte und meist leere **Sandstrände,** z.B. Old Head, Bertra Strand und Carrowniskey Strand, von denen aus man die felsige **Clare Island** in der Clew Bay aufragen sieht.

Ausflug nach *Clare Island 14

Von Roonah Quay westlich von Louisburgh setzen Boote in etwa 25 Min. zur Clare Island über, die großartige Ausblicke eröffnet. Heute leben auf der etwa 2000 ha großen Insel in der Clew Bay noch ca. 140 Menschen.

Der **Festungsturm** am Inselhafen von Clare gehörte einst zum Hauptquartier der berühmten Freibeuterin Granuaile oder Grace Ó Malley, die ab Mitte des 16. Jhs. die ganze Küste beherrschte und Stützpunkte auf den Inseln Caher, Inishturk und Inishboffin unterhielt.

*Croagh Patrick 15

Über 85 % der Iren sind Katholiken. Entsprechend wichtig sind ihnen Pilgerfahrten und -wanderungen. Östlich von Louisburgh erhebt sich Irlands berühmter Pilgerberg Croagh Patrick (www.croagh-patrick.com)**,** der das ganze Jahr über von Gläubigen erklommen wird. Hier soll im Jahr 441 der Nationalheilige Patrick 40 Tage lang gebetet und gefastet haben. Um an dieses Ereignis zu erinnern, pilgern am letzten Sonntag im Juli Zehntausende Iren hierher und besteigen den 762 m hohen Berg.

*Westport 16

Der Ort wurde im späten 18. Jh. vom Architekten James Wyatt quasi als dekorative Beigabe zum Herrenhaus der Marquis von Sligo angelegt. Wyatt ließ den Fluss Carrowbeg kanalisieren, der nun den »Mittelstreifen« der malerischen Hauptstraße The Mall bildet. Rund um den aus naheliegenden Gründen The Octagon genannten Platz und an der Bridge Street findet man viele Läden, Pubs und Cafés. **Westport House**, 1730 von Richard Castle auf den Resten eines älteren Hauses erbaut, zeigt in eleganten Räumen Kollektionen von englischer und irischer Kunst, Porzellan und Kristallglas. Auf dem Gelände locken ein Zoo und weitere Attraktionen (Haus u. Gärten: Ostern–Sept. tgl. 11.30–17.30 Uhr; Attraktionen: Mai nur Sa, So, Juni bis Aug. tgl. 11.30–17.30 Uhr, www.westporthouse.ie).

Info

Tourist Information Office
James St.][**Tel. 098/25711**
www.destinationwestport.com

Verkehrsmittel

■ **Zugverbindungen:** tgl. nach Dublin.
■ **Busverbindungen:** nach Belfast, Clifden, Cork, Galway, Limerick, Sligo.

Hotel

Augusta Lodge
Golf Links Rd.][**Tel. 098/28900**
www.augustalodge.ie
Gemütliches Guesthouse, in dem Familien mit Kindern willkommen sind. Eigenes Putting Green für Golfer. ●●

Restaurant

Quay Cottage
The Quay][**Tel. 098/26412**
www.quaycottage.com
Sorgsam zubereitete modern-irische Gerichte in ruhigem, gepflegtem Restaurant. Nur abends geöffnet, Reservierung ratsam. ●●

»Traditional« oder »Folk«?

Die irische Volksmusik ist voller Kontroversen. Das beginnt mit der Unterscheidung zwischen *traditional music* und *folk music.* Strenge Traditionalisten trennen zwischen instrumentalen Airs und Tanzweisen einerseits und unbegleitetem Gesang andererseits, wobei für die Airs und Tänze meist *Uilleann pipes* (Dudelsack mit Blasebalg), *fiddle* (Geige) und *flute* (Querflöte) verwendet werden, oft auch als Soloinstrument. Viel Wert legt man auf regionale Eigenheiten: In Clare wird das Spiel der Ziehharmonika und der *tin whistle* (Blechflöte) besonders gepflegt; die *fiddle*-Spieler von Donegal rühmen sich ihres fließenden melodischen Stils, während man in Sligo aufwendigere Verzierungen und rhythmische Sprünge bevorzugt.

Mit dem, was man in Dublin oder Killarney im Sommer im Pub als *folk music* zu hören bekommt, hat das alles auf den ersten Blick nur wenig zu tun. Hier kommen Instrumente wie Gitarre, Busuki, Banjo oder gar Synthesizer zum Einsatz. Doch als die irische Volksmusik Mitte des 20. Jhs. Gefahr lief, in Vergessenheit zu geraten, musste sie aus neuen Quellen Kraft schöpfen. Als dann die Clancy Brothers mit ihren in den USA überaus erfolgreichen Rebellen- und Trinkliedern in der Gruppe »The Dubliners« Nachahmer fanden, war der Bann gebrochen – die irische Volksmusik wurde erneut von einer breiten Öffentlichkeit wahrgenommen.

Matt Molloy's Bar

Bridge St.

Gehört dem Flötenspieler der berühmten Folkgruppe The Chieftains; naturgemäß spielt traditionelle Musik hier eine große Rolle.

Knock 🔟

Jährlich zieht es über 1 Mio. Pilger in das kleine Dorf an der N 17 mit dem zweitgrößten Flughafen Irlands, den das Dorf der Sturheit des örtlichen Pfarrers verdankt. Knock ist ein **Zentrum der Marienverehrung** in Irland; die Basilika bietet 12 000 Gläubigen Platz. Inzwischen hat die katholische Kirche die Marienerscheinung aus dem Jahr 1879 als Wunder anerkannt.

Newport 🔟 und *Achill Island

Newport ist in Irland als Anglerzentrum bekannt. Wer sich nicht zu den Petrijüngern zählt, wird sich aber lieber die Ruine der Burrishoole Abbey, eines 1486 gegründeten Dominikanerklosters in romantischer Lage am Ufer der Newport Bay, ansehen wollen.

Die mit dem Festland durch eine Brücke verbundene ***Achill Island** lohnt einen Besuch wegen der herrlichen Ausblicke, der Berglandschaft im Inneren und der schönen Strände (vor allem bei Keel, Keem und Dooagh). Sehenswert ist auch das verlassene Dorf von Slievemore.

Sie sprechen noch Gälisch

Mayos Nordwesten

Wer für raue Atlantikküsten schwärmt, sollte den Besuch der Landschaft **Erris** im Nordwesten der Grafschaft Mayo nicht versäumen, die sich meist einsam und windig zeigt.

Ebenso sehenswert ist die dramatische Felsenküste bei ***Benwee Head** (bei Glenamoy von der R314 abbiegen). Der Ort **Belmullet** 🔟 auf der Landenge zur hammerförmigen Halbinsel **The Mullet** mit ihren leeren, flachen Stränden wirkt recht abgeschieden, so wenig ist er auf Urlauber eingerichtet. Nur im August zum Jahrmarkt kommen Auswanderer aus aller Welt in die alte Heimat.

Landeinwärts fährt man durch endlose Torfmoore nach **Ballina** 🔟. Das größte Städtchen (ca. 10 000 Einw.) im County Mayo ist ein **bekannter Anglerstützpunkt:** Lachse werden gar mitten im Ort aus dem Fluss Moy geangelt (Forellen im Lough Conn). Bei Ballycroy wurde ein großes Stück Moor als **Ballycroy National Park**  ausgewiesen.

Ballina Tourist Information Office
Cathedral Road][Tel. 096/70848

Sligo

Der Hauptort der gleichnamigen Grafschaft ist eine Einkaufsstadt mit angenehmer Atmosphäre. William Butler Yeats, der Dichterfürst des »Celtic Twilight«, verbrachte hier einen Teil seiner Kindheit und kehrte später immer wieder zurück. Seinem Wunsch gemäß liegt er in Drumcliff begraben, am Fuß des eindrucksvollen Tafelbergs Benbulben.

Im **Yeats Memorial Building** mit der Sligo Art Gallery (Hyde Bridge, www.yeats-sligo.com) findet die »Yeats International Summer School« statt, zu der alljährlich Literaturwissenschaftler und Studenten aus aller Welt anreisen. Auch im **Sligo County Museum** (Stephen St., Mo–Fr) ist der mit Memorabilien, Manuskripten und Erstausgaben seiner Werke gefüllte Yeats Room die Hauptattraktion. **Sligo Abbey,** eine Klosterruine mit schönen Steinmetzarbeiten, birgt einen Hochaltar aus dem 15.Jh. (April–Mitte Okt. tgl. 10 bis 18, sonst Fr–So 9.30–16.30 Uhr, www.heritageireland.ie).

Info

Tourist Information Office
Temple St.][Tel. 071/916 1201
www.sligotourism.ie

Verkehrsmittel

■ **Flughafen:** Sligo Airport, Flüge nach Dublin (Tel. 071/916 8280, www.sligoairport.com).

■ **Bahnverbindung:** nach Dublin (Tel. 071/916988, www.irishrail.ie)

■ **Busverbindung:** Bus Éireann, tgl. nach Dublin; nach Derry und Galway direkt (Fahrplaninfo Tel. 071/916 0066).

Hotels

■ **The Glasshouse**
Swan Point][Tel. 071/ 919 4300
www.theglasshouse.ie
Erstklassiges Designhotel mit über 100 Zimmern, interessanter Bau mit großen Glasflächen. ●●●

■ **Yeats Country Hotel**
Rosses Point Rd. (ca. 3 km nördlich)
Tel. 071/917 7211
www.yeatscountryhotel.com
Landestypisch gebaut, unter den fast 100 Zimmern auch große Famillienzimmer, Spa und Restaurant. Kidsclub für kleine Gäste, Golf für die Eltern. ●●●

Restaurant

Le Montmartre
Market Yard][Tel. 071/916 9901
Kontrapunkt zur rustikalen Idylle: modern und licht. Französische Küche aus lokalen Produkten. Reservieren! ●●

Pubs

■ **Hargadon's**
O'Connell St.][Tel. 071/917 0933
Eine wahre Institution seit 1908. Inzwischen mit Tapas-Bar.

■ **McLynn's**
Old Market St.][Tel. 071/914 2088
Beliebter Musikpub.

Dunluce Castle liegt spektakulär an der Küste Nordirlands

Der Norden

Nicht verpassen!

- Giant's Causeway: 36 000 Basaltsäulen oder der Damm, den ein Riese bauen wollte
- Wall Murals in Belfast: Zeugen aus der Zeit der politischen Unruhen zwischen Protestanten und Katholiken
- Dunluce Castle: eine romantische Ruine hoch über dem Meer
- Rossnowlahg: einer von vielen malerischen Stränden in Donegal

Zur Orientierung

Bis vor Kurzem mieden die meisten Touristen Nordirland, doch inzwischen kann das ganze Land wieder gefahrlos bereist werden. Zu gewalttätigen Auseinandersetzungen ist es schon lange nicht mehr gekommen.

Dramatische Felsküsten und schroffe Bergketten, idyllisch bewaldete Hügel, fruchtbare Weiden und labyrinthische Seenlandschaften machen den Norden Irlands zum unvergesslichen Erlebnis. Niemand wird am berühmten Giant's Causeway vorbeisteuern, aber auch Sehenswürdigkeiten wie Lough Erne, Castle Coole oder die Stadt Derry könnten zu unvergesslichen Höhepunkten einer Fahrt durch den irischen Norden werden. Im Landesinnern locken kleinere und größere Seen – Angler sollten ihre Ausrüstung nicht vergessen!

Malin Bay bei Glencolumbkille

Touren in der Region

Von Belfast zum Lough Neagh

> 🚌 ⑮ **Belfast** › **Mt. Stewart** › **Portaferry** › **Dundrum Castle** › **Lough Neagh** › **Ardboe** › **Belfast**
>
> **Dauer:** 1–2 Tage
> **Praktische Hinweise:** Fährbetrieb von Portaferry zum Festland Mo–Fr 7.45–22.45 Uhr, Sa 8.15–23.15 Uhr, So, Fei 9.45 bis 22.45 Uhr.

Die Rundfahrt beginnt mit einem Abstecher auf die östlich von ***Belfast** › S. 122 gelegene **Ards Peninsula** › S. 127, eine liebliche und ruhige Gegend, die für ihr mildes Klima bekannt ist. Besonders sehenswert ist das **Mount Stewart House**, ein Landsitz mit herrlichem Garten. Danach geht die Fahrt weiter nach **Portaferry** › S. 127, wo es Übernachtungsmöglichkeiten gibt.

Eilige können direkt nach Belfast zurückkehren und die Rundfahrt als Tagestour absolvieren. Alle anderen setzen am zweiten Tag von Portaferry mit der Autofähre nach Strangford über und fahren von dort am Meer entlang oder über Downpatrick zur mächtigen Ruine von **Dundrum Castle** auf deren abschüssigem Gelände

(April–Sept. tgl. 10–18, sonst nur So 12–16 Uhr, Eintritt frei). Weiter geht es zum **Lough Neagh** › S. 127, an dessen Ufern vor allem das Hochkreuz von ****Ardboe** › S. 128 einen Besuch wert ist, und schließlich über Antrim zurück nach Belfast.

Rundtour nördlich von Belfast

—16— **Belfast** › **Ballycastle** › **Giant's Causeway** › **Portrush/ Portstewart** › **Downhill Estate** › **Dunluce Castle** › **Bushmills** › **Lough Neagh** › **Belfast**

Dauer: 3 Tage
Praktische Hinweise: Für die ersten beiden Übernachtungen eignen sich die Ferienorte Portrush und Portstewart sehr gut. Von dort ist es nicht weit zu den Hauptsehenswürdigkeiten Dunluce Castle, Bushmills Distillery und Giant's Causeway. Ideal sind Portrush und Portstewart auch als Standorte für alle, die die Tour Richtung Derry verlängern wollen.

Diese Rundfahrt führt von der Hauptstadt ***Belfast** › S. 122 der Küste entlang Richtung Norden bis **Ballycastle** › S. 128. Unterwegs passiert man **Carrickfergus** mit seiner 800 Jahre alten Küstenfestung. Schon kurz vor dem Höhepunkt des ersten Tages, dem *****Giant's Causeway** › S. 128, verlocken die schwankende Hängebrücke von **Carrick-a-rede** (Ende Feb.–Mitte Mai, Sept./Okt. tgl. 10–18, Mitte Mai–Aug. 10 bis

19, Nov./Dez. 10.30–15.30 Uhr) oder auch der lange Sandstrand von **Whitepark Bay** zu einem Stopp. Die Badeorte **Portrush und Portstewart** › S. 129 laden mit ihren langen Sandstränden zu Spaziergängen ein. Ganz Abgehärtete können sich auch ins kalte Meer wagen. Von Portstewart aus lohnt sich auch ein Ausflug zum ***Downhill Estate** › S. 129.

Am zweiten Tag steht ein Besuch des romantisch an einer Klippe gelegenen **Dunluce Castle** › S. 130 und der v.a. für Whiskeyliebhaber interessanten **Bushmills Distillery** › S. 128 auf dem Programm. Die Rückfahrt nach Belfast am dritten Tag führt über **Colerane**, einen Verkehrsknotenpunkt, und den **Lough Neagh** › S. 127, wo sich ein Abstecher zum ****Ardboe Cross** lohnt.

Von Derry in den Nordwesten

—17— **Derry** › **Malin Head** › **Grianan of Aileach** › **Rathmullan** › **Glenveagh N.P.** › **Donegal** › **Ulster American Folk Park** › **Strabane** › **Derry**

Dauer: 3 Tage
Praktische Hinweise: Auf dieser Fahrt wechselt man von Nordirland in die Republik Irland. Die Grenze bemerkt man aber nicht – Kontrollen gibt es schon lange nicht mehr. Allerdings: Während in Nordirland mit Pfund bezahlt wird, akzeptiert man in der Republik Irland nur den Euro.

Diese Tour führt in den entlegenen Nordwesten der irischen Insel. Am Ausgangsort ***Derry** ❯ S. 130 wird man noch einmal mit dem politischen Konflikt zwischen Katholiken und Protestanten in Nordirland konfrontiert – die aggressiven »Wall Murals« aus der Zeit der Unruhen sind dort noch immer zu sehen.

Dann aber geht es hinaus in die Natur: man verlässt Derry Richtung Norden, fährt über die Grenze in die Republik hinein und weiter auf der Halbinsel Inishowen bis **Malin Head,** dem nördlichsten Punkt der ganzen Insel.

An der Strecke zurück Richtung Süden nach **Rathmullan** ❯ S. 137, dem Etappenziel des ersten Tages, liegen das sehenswerte Rundfort ***Grianan of Aileach** ❯ S. 137 sowie **Letterkenny**

Von Belfast zum Lough Neagh Belfast ❯ Mt. Stewart ❯ Portaferry ❯ Dundrum Castle ❯ Lough Neagh ❯ Ardboe ❯ Belfast

Rundtour nördlich von Belfast Belfast ❯ Ballycastle ❯ Giant's Causeway ❯ Portrush/Portstewart ❯ Downhill Estate ❯ Dunluce Castle ❯ Bushmills ❯ Lough Neagh ❯ Belfast

Von Derry in den Nordwesten Derry ❯ Malin Head ❯ Grianan of Aileach ❯ Rathmullan ❯ Glenveagh N.P. ❯ Donegal ❯ Ulster American Folk Park ❯ Strabane ❯ Derry

Der Norden

120

> S. 137, die größte Stadt im Nordwesten der Republik Irland.

Der zweite Tag ist dem bei Wanderern äußerst beliebten **Glenveagh Nationalpark** > S. 136 gewidmet, wo man vielleicht einen der hier sehr zahlreichen Rothirsche zu Gesicht bekommt. Entlang der Küste führt die Tour dann nach **Donegal** > S. 134, das mehrere Übernachtungsmöglichkeiten und in der Umgebung sehr

schöne Strände bietet. Bevor man am dritten Tag nach Derry zurückfährt, lohnt sich ein längerer Aufenthalt im ***Ulster American Folk Park** > S. 132, vor allem für diejenigen, die sich für die irische Auswanderungsgeschichte interessieren. Ebenso lohnend ist ein Besuch in **Strabane** > S. 131, der sich mit einem Ausflug in die ***Sperrin Mountains** > S. 131 verbinden lässt.

Unterwegs im Norden

*Belfast **❶**

Als Irlands einzige echte Industriestadt hat die nordirische Hauptstadt mehr Gemeinsamkeiten mit Manchester oder Glasgow als mit Dublin. Kaum bekannt ist die wunderschöne Lage Belfasts: Im Norden und Westen erstrecken sich Hügelketten, und im Osten der Innenstadt schmiegen sich die Häuser an den Fluss Lagan, der in den Belfast Lough mündet.

Zahlreiche Kneipen und Einkaufsmöglichkeiten locken Besucher an, der Aufschwung ist greifbar, doch merkt man der Stadt die Jahrzehnte des Stillstands immer noch an.

Am Donegall Square

Der im Zentrum gelegene Platz mit der viktorianischen Prunkarchitektur der **City Hall ❹** und den ringsum aufgestellten Statuen der Königin Victoria und der Helden ihrer Zeit erinnert an Plätze in Glasgow oder Manchester. Das Rathaus von Belfast (erbaut 1896) kündet vom Selbstbewusstsein der Großbürger, die damals den führenden Industriestaat ihrer Zeit beherrschten. Dieses Selbst-

Picknick vor Belfasts prächtiger City Hall

Aus der Stadtgeschichte

Im 17. Jh. kamen protestantische Engländer und Schotten ins katholische Belfast. Ihnen folgten die Hugenotten, die die einheimische Textilindustrie begründeten. Im 19. Jh. entwickelte sich der Maschinen- und Schiffsbau: Harland & Wolff, lange eine der größten Werften der Welt, baute u.a. die »Titanic«. Die protestantisch dominierte Politik und Wirtschaft löste unter Katholiken steigenden Unmut aus, und ab 1968 berichteten alle Medien über Anschläge in Belfast. Doch selbst auf dem Höhepunkt der »Troubles« ist hier nie ein Tourist umgekommen. Inzwischen findet Belfast langsam wieder zum normalen Leben zurück.

bewusstsein spiegelt sich auch in den Innenräumen wider. Die City Hall flankieren die Versicherungspaläste Scottish Provident Building und Pearl Assurance Building mit ihren extravaganten Fassaden (Ende 19. Jh.).

Wer sich eingehender mit der jüngeren Geschichte der Stadt be-

schäftigen möchte, sollte die 1864 erbaute ***Linen Hall Library** im Nordwesten des Platzes aufsuchen. Die Bibliothek mit getäfeltem Lesesaal samt Café sammelt u.a. alle Bücher und Zeitungsausschnitte über die »Troubles« (Mo–Fr 9.30–17.30 Uhr, Sa bis 16 Uhr, www.linenhall.com).

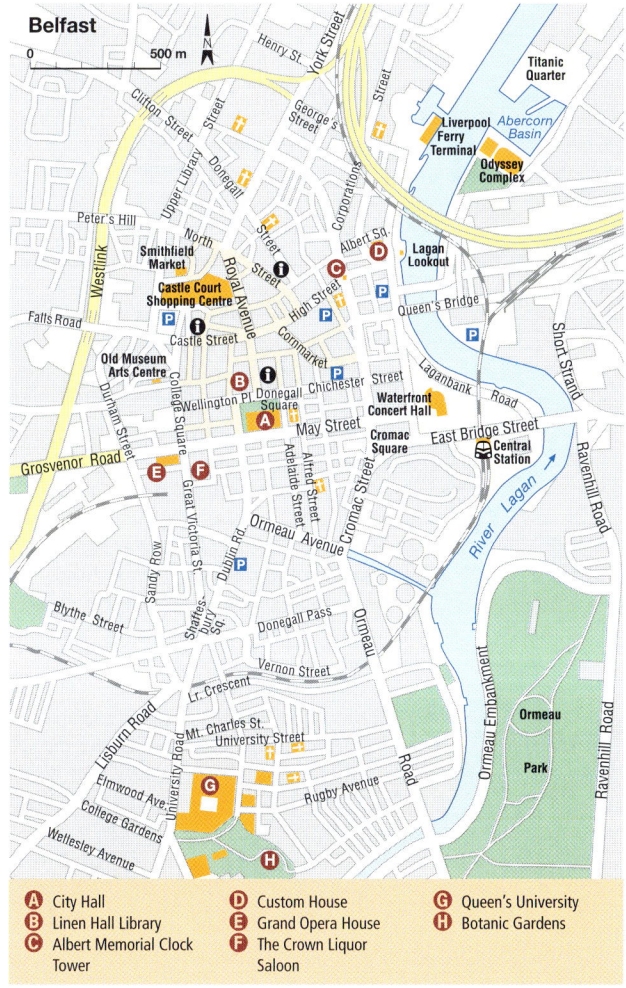

A City Hall
B Linen Hall Library
C Albert Memorial Clock Tower
D Custom House
E Grand Opera House
F The Crown Liquor Saloon
G Queen's University
H Botanic Gardens

The Crown Liquor Saloon ist eine Institution in Belfast

Zwischen Cornmarket und River Lagan

Nördlich des Donegall Square ist ein ganzes Viertel um Cornmarket in eine Fußgängerzone umgewandelt worden. **The Entries** heißen die engen Gassen, in denen früher Handwerker ansässig waren. Heute wird das Bild von den vielen Pubs geprägt, darunter auch Belfasts ältestem, **White's Tavern** in der Winecellar Entry, wo man seit 1630 ein gepflegtes Bier trinkt. Am Nordostende der High Street steht der **Albert Memorial Clock Tower** **C**, dessen Unterbau langsam absackt, weshalb der 1865 errichtete Glockenturm nicht mehr betreten werden

darf. Beim **Custom House** **D** (1854–1857) mit seiner imposanten Fassade ist der Fluss Lagan erreicht. Ganz in der Nähe des **Lagan Lookout Visitor Centre** weist die Monumentalskulptur **Big Fish** von John Kindness auf die Rückkehr der Lachse in den Lagan hin, dessen Wasserqualität in den vergangenen Jahren stetig verbessert wurde.

Grand Opera House und *The Crown Liquor Saloon

Entlang des College Square Richtung Süden, vorbei an viktorianischen Gebäuden, trifft man auf das **Old Museum**, Irlands ältesten Museumszweckbau von 1830, der heute ein Kulturzentrum samt Theater beherbergt. Etwas weiter folgt das **Grand Opera House** **E** (www.goh.co.uk), ein Gebäude von 1897 mit Zwiebeltürmchen, wo Opern, Musicals und Theaterstücke aufgeführt werden.

Der meistfotografierte Pub in Belfast ist *The Crown Liquor Saloon **F** (www.crownbar.com). Seine reich verzierte Fliesen- und Glasfassade sowie die Inneneinrichtung stehen unter Denkmalschutz, das Bier strömt wie eh und je. Ihm gegenüber liegt das **Hotel Europa,** wo in den 60er- und 70er-Jahren des 20. Jhs. vor allem Journalisten übernachteten, die über den Nordirlandkonflikt berichteten. Um sich in der Presse Geltung zu verschaffen, zündeten protestantische wie katholische Terroristen ihre Bomben mit Vorliebe hier.

Universitätsviertel

Hinter dem Shaftesbury Square sollte man kurz vom direkten Weg nach Süden abbiegen, um sich in Lower Crescent/Crescent Gardens/Upper Crescent die klassizistischen Bürgerhäuser aus der ersten Hälfte des 19. Jhs. anzusehen. Das Hauptgebäude der **Queen's University** 🄖 stammt von Charles Lanyon, dem Architekten der Linen Hall Library (❯ S. 123) und des Custom House (❯ S. 124).

Südlich der Uni erstrecken sich die attraktiven ***Botanic Gardens** 🄗, aus deren Grün sich anmutig die Umrisse des Palmenhauses erheben. Es zählt zu den frühesten Konstruktionen aus gewölbtem Glas und Gusseisen in Europa (Gärten: tgl. 7.30 Uhr–16.30 bzw. 22 Uhr, je nach Jahreszeit; Gewächshäuser: Mo–Fr 10–12 und 13–17 Uhr, Sa, So 13 bis 17 Uhr).

Außerhalb des Stadtzentrums

Cave Hill nördlich von Belfast (Bus Nr. 45 ab Donegall Square, hält auch beim Zoo) öffnet einen **wunderbaren Blick über die Stadt.** Am Südosthang liegen die Gärten von **Belfast Castle**, ebenfalls mit Panoramablick über die Stadt und ihre Umgebung.

Stormont Estate (Upper Newtonards Rd.), südöstlich des Zentrums gelegen, war ursprünglich der Sitz des nordirischen Parlaments. Das repräsentative Gebäude aus Portlandstein steht inmitten eines weitläufigen Parks (tgl. 7–21 Uhr).

Echt gut!

11 ****Wall Murals**

Die Zeit der »Troubles«, wie in Nordirland die bürgerkriegsähnlichen Unruhen Mitte der 60er- bis Ende der 90er-Jahre des 20. Jhs. genannt werden, ist zwar vorbei, doch bei einem Spaziergang durch die Wohngebiete in West-Belfast sind die Spannungen zwischen Katholiken und Protestanten noch heute greifbar.

In den Wohngebieten radikaler Protestanten und Katholiken legen *wall murals* – riesige Wandgemälde – Zeugnis von den damaligen Auseinandersetzungen ab, die mehr als 3500 Menschenleben gekostet haben. Die Wandbilder der Protestanten in der Shankill Road und ihrer Umgebung strotzen vor aggressiven Motiven. Kapuzenmänner mit Maschinengewehren sind in Siegerpose abgebildet, verurteilte Terroristen werden in großen Bildern als Helden verehrt. Im Vergleich dazu wirken die Wandgemälde der Katholiken in der Fall Road fast schon zurückhaltend, aber auch hier ist das Thema dasselbe: Hass und Aggression gegen die andere Volksgruppe.

Auf bedrückende Weise eindrucksvoll ist die »Belfast's Berlin Wall« am Cupar Way, welche die protestantischen von den katholischen Wohngebieten trennt. Inzwischen steuern die Stadtrundfahrtsbusse auf ihren Routen durch die nördlichen Viertel (Informationen: www.city-sightseeing.com).

Infos

**Belfast & Northern Ireland
Welcome Centre**
47 Donegall Pl.][**Tel. 028/9024 6609**
www.gotobelfast.com

Verkehrsmittel

■ **Flughafen: Belfast International
Airport,** 30 km westl.; Flüge nach
Kontinentaleuropa und London; Busverbindung ins Zentrum mit dem Airport Express 300 (www.belfastcityair
port.com) Mo–Fr tagsüber alle
10 Min., sonst in größeren Abständen.
■ **Bahnverbindungen: Northern Ire-
land Railways** (www.translink.co.uk;
Fahrplaninfo: Tel. 028/9066 6630).
Great Victoria Street Station – Stadt-
bahnhof mit Zubringer zur Central
Railway Station, East Bridge St.
■ **Metro-Stadtbusse:** Hauptknoten-
punkt am Donegall Sq. West; Fernbusse ab Oxford Street Bus Station und
Great Victoria Street Bus Station
(zu den Flug- und Fährhäfen und in die
Republik; Fahrplaninfo: Tel. 028/
9089 9409).
■ **Fähren: SeaCat Terminal,** Donegall
Quay, Fähren nach Heysham und Troon
(Tel. 08705/ 707070); **Liverpool Termi-
nal,** Fähren nach England; **Larne,** der
Hauptfährhafen für Schottland, liegt
30 km nördl. von Belfast

Hotels

■ **Dukes at Queens**
65 University St.][**Tel. 028/9023 6666**
www.dukesatqueens.com
Modernes Hotel mit 21 schicken
Zimmern im Univiertel. ●●●
■ **Ash Rowan**
12 Windsor Avenue
Tel. 028/9066 1758
ashrowan@hotmail.com

Gehobene Pension mit viel Plüsch südl.
des Zentrums, nur 5 Zimmer. ●●
■ **Eglantine Guest House**
21 Eglantine Ave.
Tel. 028/9066 7585
Sehr freundlich geführtes, kleines
B&B in einer stiller Seitenstraße. ●
■ **Queen's University Elms Halls**
78 Malone Road][**Tel. 028/9038 1608**
B&B in verschiedenen Gebäuden auf
dem Unigelände, auch für Nichtstuden-
ten. Insgesamt über 1500 Zimmer. ●

Restaurants

■ **Michael Deane**
36–40 Howard St.][**Tel. 028/9033 1134**
www.michaeldeane.co.uk
Feine Küche aus Frankreich, Italien und
Irland. So geschl. ●●●
■ **Nick's Warehouse**
35–39 Hill St.][**Tel. 028/9043 9690**
www.nickswarehouse.co.uk
Irisches Essen in modernem Ambiente.
Sa mittags und So geschl. ●●●
■ **Beatrice Kennedy**
44 University Rd.][**Tel. 028/9020 2290**
www.beatricekennedy.co.uk
Gemütliches Restaurant mit moderner
internationaler Küche. Mo geschl. ●●
■ **Clements**
**4 Donegall Square West
(plus etliche weitere Filialen)**
Kaffeespezialitäten und Gebäck. ●

Pub

Kelly's Cellars
30/32 Bank St.
Bier, Folkmusik und Blues.

Shopping

Nordwestlich der Innenstadt liegt das
Einkaufszentrum **Castle Court** und
dahinter der **Smithfield Retail Market,**
eine Ansammlung kleiner Läden.

Ards Peninsula ②

Die Ards-Halbinsel südöstlich von Belfast verführt zu langen Spaziergängen, z.B. im berühmten Landschaftsgarten von **Mount Stewart** mit einem interessant ausgestatteten Herrenhaus aus dem 19. Jh. (Gärten: ganzj. tgl. ab 10 Uhr; Haus: Mitte März–Ende Okt. tgl. außer Mi 10–18 Uhr). Sowohl entlang des Strangford Lough als auch auf der Meerseite bieten sich vielfältige Möglichkeiten für Wassersportler. Doch auch Naturliebhaber kommen hier auf ihre Kosten: Im **Naturschutzgebiet Strangford Lough** lebt die größte irische Seehundkolonie, man sieht aber auch häufig Delfine und Grindwale. An der Südspitze der Halbinsel Ards liegt der gemütliche Ort **Portaferry**, ein beliebter Segelhafen.

Im Norden der Ards Peninsula steht die **Ballycopeland Windmill**, die einzige noch intakte Windmühle Irlands (Juli, Aug. tgl. 10–18 Uhr), und in **Greyabbey** kann man die Ruinen einer Zisterzienserabtei aus dem 12. Jh. besichtigen.

Inseln im Naturschutzgebiet Strangford Lough

Info

Tourist Information Centre
The Stables][Castle St.][Portaferry
Tel. 028/4272 9882

Hotels

■ **Portaferry Hotel**
The Strand][Tel. 028/4272 8231
www.portaferryhotel.com
14 schmucke Zimmer (●●) und ein sehr gutes Restaurant mit großem

Fisch- und Meeresfrüchteangebot auf der Speisekarte (●●●).

■ **Adair's Bed & Breakfast**
22 The Square][Tel. 028/4272 8412
Unauffällige, nette Unterkunft im Ortskern mit großem Familienzimmer. Üppiges Frühstück. ●—●●

*Mountains of Mourne

Südwestlich des attraktiven Ferienorts **Newcastle** erheben sich majestätisch die wilden Mountains of Mourne mit anspruchsvollen Wanderwegen (www.mournemountains.com).

Lough Neagh und **Ardboe ③

Der größte See der Britischen Inseln (400 km²) ist berühmt für seine Aale, die ab Mai von professionellen Fischern täglich zu Tausenden gefangen werden.

Am westlichen Ufer steht in den Ruinen der im 6. Jh. begründeten Klosteranlage von ****Ardboe** eines der schönsten und besterhaltenen Hochkreuze ganz Irlands. Das im 10. Jh. kunstvoll aus Sandstein gemeißelte Ardboe Cross ist über 5 m hoch und mit 22 Bibelszenen aus dem Alten (Ostseite) und Neuen Testament (Westseite) geschmückt.

Echt gut!

Ballycastle 4

Seit 1606 wird jeweils am letzten Montag und Dienstag im August ein Jahrmarkt in Ballycastle abgehalten, die Ould Lammas Fair, die damit zu den ältesten Jahrmärkten Irlands gehört.

Die Einheimischen essen bei dieser Gelegenheit vor allem zwei traditionelle Leckerbissen: das als *yellowman* bekannte harte Sahnekonfekt und den gesalzen zum Essen aus der Hand angebotenen getrockneten Seetang *dulse*.

Die Bushmills Distillery arbeitet hinter alten Mauern

Info

Tourist Infromation Centre
Sheskburn House][**7 Mary St.**
Tel. 028/2076 2024

12 ***Giant's Causeway 5

Etwa 38 000 meist sechseckige dunkle Basaltsäulen pflastern den Weg nach Schottland. Der Sage nach baute sich in grauer Vorzeit der Riese Fionn MacCumhail (Finn MacCool) aus Sehnsucht nach seiner Angebeteten eine Landbrücke zur Nachbarinsel. Tatsächlich finden sich auf der schottischen Insel Staffa ganz ähnliche Formationen.

Von Basaltlava, die vor 60 Mio. Jahren emporschoss, spricht indessen die geologische Erklärung im **Giant's Causeway Visitors Centre** (auch Filmvorführungen, außer Weihnachtsferien tgl. ab 9.30 Uhr, Tel. 028/2073 1855; www.giantscausewaycentre.com).

Die beeindruckende Anlage, von der Unesco zum Weltnaturerbe erklärt, befindet sich ca. 1,5 km vom nächsten Parkplatz entfernt und ist nur zu Fuß oder per Zubringerbus (mit Rollstuhllift) erreichbar.

*Bushmills 6

In Bushmills wird in der weltweit ältesten Whiskeybrennerei gleichen Namens seit 1608 offiziell das berühmte »Lebenswasser« hergestellt. Jakob I. gewährte eine Lizenz für die Herstellung von

»Aquavite, Usquabagh und Aqua composite«. Die heutige Technik des Lagerns in Eichenfässern und des Verschneidens wird schon seit ca. 200 Jahren gepflegt. Dass die Hausmarken gleich vor Ort gekostet werden können, versteht sich von selbst (ganzjährig tgl., Tel. 028/2073 3218, www.bush mills.com).

Portrush und Portstewart ![7]

Die beiden lebhaften Ferienorte sind gute Standorte für die Erkundung der Region, denn außer Spielhallen und Fish-and-Chips-Buden gibt es hier auch schöne Unterkünfte und Läden sowie weite Strände.

Info

Tourist Information Centre
Dunluce Centre][Sandhill Drive
Portrush][Tel. 028/7082 3333
www.portrush.org.uk

Verkehrsmittel

Busverbindungen: Ulsterbus
(www.ulsterbus.co.uk) zu
Haltestellen in beiden Orten:
Linie 252 (Antrim Coaster) der Küste
entlang (Strecke Coleraine–Belfast).

Hotels

■ **Anvershiel House**
16 Coleraine Road][Portrush
Tel. 028/7082 3861
www.anvershiel.co.uk
B & B mit schönen, großen Zimmern,
netten Gastgebern und einem Super-
frühstück. ●—●●

■ **Strand House**
105 Strand Road][Portstewart
Tel. 028/7083 1000
www.strandguesthouse.com
Gehobenes B&B mit äußerst geschmackvoll gehaltenen Zimmern. In
Stadtrandlage nahe am Meer. ●—●●

Restaurant

Ramore
The Harbour][Portrush
www.ramorerestaurant.com
Ein ganzer Komplex mit Bars und Restaurants, die asiatische, italienische, internationale Küche bieten. ●—●●

Pub

Springhill Bar
17 Causeway St.][Portrush
Tel. 028/7082 3361
Pub mit Livemusik.

Ausflug zum *Downhill Estate ![8]

Ein **wahres Juwel aristokrati-scher Exzentrik** ist an der Steil- küste östlich von Portrush zu be-sichtigen. Downhill Estate, eine weitläufige Anlage mit verstreu-ten Ruinen, Denkmälern und Tempelchen, wurde 1774–1788 im Auftrag von Frederick Hervey Graf von Bristol gestaltet, der 1768 Bischof von Derry wurde. Sie umfasst zwei reich verzierte Tore (das Bishop's Gate führt zum bewaldeten Park), einen Zier- und Küchengarten, das als Mausoleum bekannte Denkmal für einen Bruder des Grafen, die Ruine des Wohnhauses und den spektakulä-

ren kleinen Mussenden Temple
auf einem Felsvorsprung über der
Küste. (Estate ganzj. zugänglich;
Temple und Bauten Ende März
bis Anf. Okt. tgl. 10–17 Uhr, Tel.
028/2073 1582).

****Dunluce Castle** 🖪

Wirklich malerisch thront dieses
Castle auf steilen Klippen über
dem Meer, heute eine eindrucksvolle Ruine. Sie stammt aus dem
16. Jh., obwohl hier schon um
1300 auf den Resten früherer Fes-
tungen gebaut wurde (April bis
Sept. tgl. 10–18, Okt.–März 10 bis
17 Uhr; www.northantrim.com/
dunlucecastle.htm).

***Derry** 🔟

Die zweitgrößte Stadt Nordirlands
(rund 100 000 Einw.) liegt direkt
hinter der Grenze an der Mündung des Flusses Foyle. Das alte
Zentrum auf einem Hügel über
dem Fluss umgibt seit Anfang des
17. Jhs. eine Stadtmauer. Ähnlich
wie in Belfast sind Derrys Vororte
streng nach der Religionszugehö-
rigkeit ihrer Bewohner aufgeteilt.

Den Mittelpunkt des Stadt-
kerns bildet der großzügige, qua-
dratisch angelegte Hauptplatz **The
Diamond**, von dem die **Shipquay
Street** steil bergab zum Shipquay
Gate am Fluss verläuft, mit einem
modernen Einkaufszentrum und
Durchgängen zu verwinkelten re-
staurierten Gassen mit kleinen
Läden und Cafés zur Linken.

Die **St. Columb's Cathedral**
(London St., www.stcolumbs
cathedral.org) wurde im 17. Jh.
erbaut und im 19. Jh. viktoria-
nisch-neugotisch umgestaltet. Sie
ist das älteste Gebäude der Stadt
und die erste Kathedrale, die nach
der Reformation auf den britischen Inseln gebaut wurde. Das
sehenswerte ***Tower Museum**
beim Shipquay Gate hat sowohl
für seine Ausstellungstechnik als
auch für die Gegenüberstellung
der unterschiedlichen Versionen
der jahrhundertealten Stadtgeschichte mehrere Preise gewon-
nen (Di–Sa 10–17 Uhr).

Info
Tourist Information Centre
44 Foyle St.
Tel. 028/7126 7284
www.derryvisitor.com

Verkehrsmittel
■ **Flughafen:** City of Derry Airport
(Tel. 028/7181 0784; www.cityofderry
airport.com), 10 km östl. an der A 2
gelegen; Flüge u.a. nach Glasgow und
London.
■ **Bahnverbindungen:** tgl. viele Züge
nach Belfast und Dublin.
■ **Busverbindungen:** Ulster Bus
mehrmals tgl. nach Belfast, Strabane/
Omagh, Portstewart/Portrush;
Bus Éirann tgl. nach Donegal/Sligo/
Galway.

Hotels
■ **Beech Hill Country House**
32 Ardmore Road
Ardmore (5 km südöstl.)
Tel. 028/7134 9279
www.beech-hill.com

Landhaus mit eigenem Park, 27 gut ausgestatteten Zimmern und erstklassiger Küche auf der Basis lokaler Produkte. ●●

■ **Saddler's House**
36 Great James St.
Bogside (nördl. der Altstadt)
Tel. 028/7126 9691
www.thesaddlershouse.com
Viel gepriesenes, charmantes B&B, nur 7 schmucke Zimmer. ●

Brown's Bar & Brasserie
1 Bonds Hill
Tel. 028/7134 5180
Gute moderne Küche, lockeres Flair.
So und Mo geschl. ●●

Shopping

■ **Derry Craft Village** (**Shipquay St.**); nette Läden im Gassengewirr, z.B. Derry Crystal und Kunsthandwerk im Irish Shop oder Originalkostüme und -schuhe vom Irish Dancing Shop (www.irishdancingshop.com).
■ **Austins** (Diamond); großes, berühmtes Traditionskaufhaus, So nachmittags geöffnet (www.austinsstore.com).

Nightlife

■ **Dungloe**
41–43 Waterloo St.
Tel. 028/7126 7716
www.thedunglobar.com
Junges Publikum und gute Atmosphäre bei Folk, Blues und Rock.

■ **O'Donnells**
63 Waterloo St.][**Tel. 028/7137 2318**
Eine eher altmodisch-gemütliche Bar-Adresse, traditionelle Sessions.

Strabane und *Sperrin Mtns.

Die Textilstadt **Strabane** 🔟 ist das Tor zu den Sperrin Mountains und bietet sich daher als Standort für Rundfahrten an. Stolz ist man hier auf seine Kunstgalerien und die große moderne Skulptur mit dem Namen »Let The Dance Begin«. Obwohl v.a. die Herstellung von Leinen an Bedeutung verloren hat, werden hier weiter Hemden und Strumpfhosen produziert. Im 18./19. Jh. war die Stadt auch ein Zentrum des Druckge-

Derry oder Londonderry?

Derry heißt irisch *Doire* (Eichenhain). Daraus wurde im Jahre 1613 *Londonderry*, nachdem König Jakob I. große Teile des Gebiets den Zünften der City of London überlassen hatte. Während der erbitterten Auseinandersetzungen der 60er- bis 80er-Jahre des 20. Jhs. war der Name der Stadt für alle Parteien politisches Programm, was in berühmten Wandbeschriftungen Ausdruck fand. Bei den Kommunalwahlen 1985 errangen die nationalistische SDLP und Sinn Féin eine Mehrheit im Stadtrat, und der Name wurde offiziell in Derry umgewandelt. Um jedoch die protestantische Bevölkerung nicht allzu sehr vor den Kopf zu stoßen, steht auf Broschüren z.B. des Fremdenverkehrsamts stets »Derry–Londonderry«. Hinzu kommt, dass die Grafschaft, deren Hauptort Derry ist, nach wie vor Londonderry heißt.

werbes mit zeitweise zwei Zeitungen und zehn Druckbetrieben. Besichtigen kann man die komplett eingerichtete Druckerei Gray's Printing Press (18./19. Jh., Main St., 028/7188 0055).

Unweit der Stadt ragen die tiefgrünen, bewaldeten und bis zu 672 m hohen Hügel der **Sperrin Mountains** am Nordufer des Flusses Glenelly auf. Bei Spaziergängen, die in höheren Lagen auch durch Moore und Heideflächen führen, trifft man vielleicht auf Prospektoren, die das Geröll der Bäche auswaschen, denn die Sperrins gelten seit frühkeltischer Zeit als goldhaltig.

Info

■ **Tourist Information Centre**
The Alley Arts & Conference Centre
1a Railway St.][Strabane
Tel. 028/7138 4444
www.strabanedc.com
■ **Sperrins Tourism**
30 High St.][Moneymore
Tel. 028/8674 7700
www.sperrinstourism.com

*Ulster-American Folk Park

Bei **Omagh** liegt der Ulster-American Folk Park, eine gelungene Darstellung des Beitrags von Ulster zur Entwicklung Amerikas. Allein von den Unterzeichnern der Unabhängigkeitserklärung stammen fünf aus Ulster. Das Freilichtmuseum versammelt u.a. irische und amerikanische Häuser des 18./19. Jhs. und das original-

große Modell eines Auswandererschiffs im Aufriss. (März–Sept. Di–So 10–17, Okt.–Feb. Di–Fr 10–16, Sa, So 11–16 Uhr, letzter Einlass 90 Min. vor Schließung; www.folkpark.com).

*Enniskillen und das Seenland

Mittelpunkt eines der schönsten Feriengebiete abseits der Küste, der Seenlandschaft von Lough Erne, ist Enniskillen. Hier kann man Kabinenkreuzer mieten, die auf dem lang gezogenen Upper Lough Erne und dem Lower Lough Erne ein großartiges Revier haben und über den wieder eröffneten Shannon-Erne Waterway noch viel weiter fahren können (❭ Special S. 73).

Drei Sehenswürdigkeiten nahe Enniskillen sind von besonderem Reiz. Südlich der Stadt lohnt sich ein Abstecher zum grandiosen Anwesen ***Florence Court.** Dieser palladianische Landsitz entstand Mitte des 18. Jhs. und ist mit aufwendigen Rokokostuckaturen geschmückt (Gärten: Jan., Feb. tgl. 10–16, März–Okt. tgl. 10–19, Nov, Dez. tgl. 10–16 Uhr; Haus: nur Führungen 11–17 Uhr, Okt., März, April nur Sa, So, Sept. Mai, Juni tgl. außer Di, Juli, Aug. tgl.; www.nationaltrust.org.uk).

In die kühle anglo-irische Eleganz des ausgehenden 18. Jhs. wird man in ****Castle Coole** (an der A 4, 3 km südöstl.) versetzt. Das 1790 von James Wyatt entworfene Palais gilt als der **gelun-genste klassizistische Bau in ganz Irland** (Gärten: März–Okt. tgl. 10–19, sonst bis 16 Uhr; im Haus nur Führungen: 11–17 Uhr, Mitte März–Ende Mai, Sept. nur Sa, So, Juni tgl. außer Do, sonst tgl.; www.nationaltrust.org.uk).

Per Ausflugsboot auf dem Lower Lough Erne oder mit der Fähre von Trory Jetty an der N 32 gelangt man nach ***Devenish Island** mit Kirchen- und Klosterruinen aus dem 12. bis 15. Jh., einem Museum und dem 25 m hohen Rundturm, von dem sich eine herrliche Aussicht bietet (EHS-Fähre Juni bis Mitte Sept. tgl. 10, 13, 15, 17 Uhr, Ostern bis Juni Sa, So, Fei; Tel. 028/9054 6518, www.ni-environment.gov.uk/devenish.shtml).

Kunsthandwerkerhof »Butter-market« in Enniskillen

Info

Fermanagh Lakeland Tourism
Wellington Rd./Shore Rd.
Enniskillen
Tel. 028/6632 3110
www.fermanaghlakelands.com

Verkehrsmittel

Busverbindungen: Ulsterbus (Fahrplaninfo: Tel. 028/6632 2633), unter anderem nach Belfast, Omagh/Derry, Dublin.

Hotel

Killyhevlin Hotel
Dublin Rd.
Enniskillen
Tel. 028/6632 3481
www.killyhevlin.com
Designhotel direkt am See mit guter Küche und Spa. ●●

Restaurant

Melvin House and Bar
1–5 Townhall St.][Enniskillen
Tel. 028/6632 2040
Steak und Forelle zum Lunch im Pub. ●

Shopping

The Buttermarket
Down St.][Enniskillen
Auf dem Gelände des ehemaligen Buttermarkts verkaufen Kunsthandwerker ihre Waren (auch gutes Café).

Ausflug zur Boa Island 15

Boa Island nordwestlich von Enniskillen ist durch eine Brücke mit dem Festland verbunden. Am Westende der Insel weist ein Schild auf den ***Caldragh Cemetery** hin: Im Friedhof am Ufer stehen zwei vorchristliche keltische

Statuen, von denen besonders die größere höchst eindrucksvoll ist. Sie werden oft als »janusköpfig« bezeichnet, weil auf beiden Seiten des herzförmigen Kopfs ein großäugiges Gesicht eingemeißelt wurde.

Bundoran 16 und Umgebung

Bundoran ist ein beliebtes Seebad mit Spielhallen, Pommesbuden und dem angeblich **saubersten Strand Europas,** dem Tullan Strand. Wenig nördlich davon liegt der geschäftige Marktflecken **Ballyshannon** auf einem Hügel über dem Fluss Erne. **Rossnowlagh** ist beliebt bei Campern und Surfern, die einen Badeurlaub an der Donegal Bay verleben möchten.

**Echt
gut!**

Hotel

Sand House Hotel
Rossnowlagh][**Tel. 071/ 985 1777**
www.sandhouse-hotel.ie
Direkt in den Dünen des weiten Strands gelegen. Restaurant mit irischen Spezialitäten sowie beliebte Bars. ●●

Donegal 17

Der Name Donegal bedeutet »Burg der Fremden« und geht auf die Wikinger zurück, die an der Bucht ein Fort errichtet haben. Die größte Sehenswürdigkeit des kleinen Orts ist die Ruine des **Donegal Castle** aus dem 15. Jh. mitten im Zentrum. Auch vom ehe-

maligen Franziskanerkloster **Donegal Abbey** an der Mündung des Eske-Flusses existieren nur noch Ruinen. Im Kloster wurden um 1630 die *Annals of the four Masters*, eine umfassende Geschichte des irischen Volkes, verfasst. Auf dem dreieckigen Marktplatz von Donegal, dem *Diamond*, erinnert ein Obelisk an die Franziskanermönche, die das Geschichtswerk geschrieben haben.

Info

Tourist Information Office
The Quay][**Donegal**
Tel. 074/972 1148

Verkehrsmittel

Busverbindungen: Bus Éireann nach Derry, Enniskillen, Sligo/Galway.

Hotels

■ **Harvey's Point**
am Lough Eske (N 15, dann ausgeschildert)][**Tel. 074/972 2208**
www.harveyspoint.com
Schön gelegenes, niveauvolles Hotel mit sehr gutem Restaurant. ●●●
■ **Mill Park Hotel**
The Mullins][**Tel. 074/972 2880**
www.millparkhotel.com
Idyllisch an der Donegal Bay im Cottagestil errichtet und geschmackvoll gestaltet, großzügige Zimmer und Wellnesscenter. ●●●

Ausflug **Slieve League 18

Am Nordufer der Donegal Bay erstreckt sich einer jener Abschnitte von Irlands Westküste, die zum übermäßigen Gebrauch von Superlativen verleiten.

Die N 56 führt nordwestlich aus Donegal Town durch die Dörfer Mountcharles und Dunkineely. An der Spitze einer schmalen Landzunge steht der Leuchtturm von St. John's Point mitten in der Bucht. Die R 263 führt dann zum bedeutenden Fischereihafen **Killybegs** und weiter der Küste entlang.

Richtig spektakulär wird es, wenn die bunten, steilen Felsenklippen erreicht sind, die den Südhang des Bergs Slieve League (601 m) bilden. Zur schönsten Aussicht sollte man allerdings den Schildern nach Teelin und von dort nach Bunglas folgen, denn der mit »Slieve League« beschilderte Weg führt nur an den Berg. Wieder ganz andere, nicht weniger reizvolle Perspektiven der Küste eröffnet eine Bootsfahrt ab Teelin Pier (Tel. 074/973 9365).

Am Slieve League

*Glencolumb-kille 🔟

Sowohl das Tal als auch das Dorf an seinem Ende tragen den Namen Glencolumbkille, »Tal des Columban«. Der Namensgeber, der später in Schottland missionierte und dort das Kloster von Iona gründete, wurde um 521 als Spross des irischen Kriegeradels in Donegal geboren. Ein Bethaus und andere Gebäudereste sowie einige Kreuzsteine dienen bis heute am 9. Juni, dem Festtag des

Heiligen, als Stationen einer nächtlichen Barfußprozession, die um 3 Uhr früh in der Dorfkirche endet.

Im **Folk Village Museum** illustrieren drei unterschiedlich eingerichtete Katen das Leben der örtlichen Bevölkerung vom frühen 18. bis ins 20. Jh. Das 1967 eröffnete Museum verdankt seine Entstehung dem 1987 verstorbenen Priester James McDyer. Er übernahm die Pfarrei in den 1950er-Jahren und war über die damalige Abwanderungsrate von ca. 75 % so entsetzt, dass er diverse erfolgreiche Produktionskooperative ins Leben rief und Maßnahmen zur Fremdenverkehrsförderung einleitete, die sich als erfolgreich erwiesen.

Ardara 20

Echt gut!
Über die Passhöhe von ***Glen-gesh** mit steiler Straße und **grandiosen Ausblicken** erreicht man Ardara. Hier werden in zahlreichen Läden Tweed und Strickwaren verkauft, und außerhalb des Dorfes kann man Werkstätten besuchen. Das **Ardara Heritage Centre** im einstigen Gerichtsgebäude an der Brücke bietet Informationen zu Flora, Fauna, Geschichte und Folklore der Region; außerdem Webereivorführungen.

Die Küsten Donegals

Die Westküste ist auch bei Urlaubern aus Nordirland beliebt, sodass es hier im Sommer meist recht voll ist. Vom Strand von Naran auf der Landspitze von Dawros Head nördlich von Ardara kann man bei Ebbe zur winzigen Insel **Inishkeel** hinüberwandern, auf der die Reste eines frühchristlichen Klosters zu sehen sind. Immer zerklüfteter wird nun die Küste mit unzähligen vorgelagerten Inselchen, und folgerichtig heißt das Gebiet nördlich von **Dungloe** »The Rosses« (irisch *Na Rosa*), »die Landzungen«. Von **Burtonport** 21 verkehrt eine Fähre zur dicht besiedelten »anderen« Insel Aran, auch *Arainn Mhór* bzw. Aranmore genannt.

Bei einer Umrundung der Nordwestecke von Donegal lohnen sich Abstecher zu Stränden und kleinen Häfen, z.B. bei Bunbeg, Bloody Foreland, Falcarragh oder Horn Head mit der **schönen Aussicht von den bis zu 180 m hohen Klippen** und zu dem hübschen Ferienort **Dunfanaghy.**

*Glenveagh National Park 22

Der 1986 eröffnete Glenveagh Nationalpark schließt mit dem **Errigal** (752 m) und dem **Slieve Snaght** (683 m) die beiden höchsten Berge Donegals ein. Naturliebhaber kommen vor allem wegen der rauen Berglandschaft, der Seen, Täler und Wälder hierher. Am Südufer des **Lough Veagh** thront in einmalig schöner Lage das 1870 von John George Adair erbaute **Glenveagh Castle.** In den liebevoll gepflegten Gärten rund

Im Fischerort Burtonport

um die Burg wachsen viele exotische Pflanzen (Park: tgl. März bis Okt. 10–18.30, Nov.–Feb. 9 bis 17 Uhr, www.heritageireland.ie).

Rathmullan ㉓

Die tief ins Land eingeschnittene Bucht **Lough Swilly** trennt die beiden Halbinseln Fanad und Inishowen. Auf engen Straßen auf dem Weg zur Landspitze von Fanad Head kommt man durch Rathmullan, einen charmanten Ferienort mit historischen Sträßchen und beliebtem Strand.

Nördlich von Rathmullan fährt man hoch über der Küste entlang, bis die Straße in Haarnadelkurven zum Meer hin abfällt und sich fantastische Ausblicke auf einen der schönsten Strände der Region, ***Ballymastocker Bay,** eröffnen.

Hotel

Rathmullan House
Tel. 074/915 8188
www.rathmullanhouse.com
Das beste Hotel weit und breit. Die Zimmer sind teils luxuriös, teils recht bescheiden (Preise abgestuft). Das elegante Restaurant ist zu Recht beliebt. ●●–●●●

Grianan of Aileach ㉔

Das Rundfort auf einer 230 m hohen Hügelkuppe westlich von Derry eröffnet ein spektakuläres Panorama über Lough Swilly und bis Derry. Die Festungsmauer ist von Spuren prähistorischer Erd-

wälle umgeben, aber der Steinbau selbst stammt wohl aus nachchristlicher Zeit. Dass die Feste heute erstaunlich gut erhalten wirkt, ist übereifriger Restauration um 1870 zu verdanken, die von heutigen Archäologen heftig kritisiert wird.

Eine weitere historische Stätte befindet sich südöstlich von **Letterkenny,** der größten Stadt (17 500 Einw.) im Nordwesten der Republik Irland. Ein Stück oberhalb eines Saumpfads bei Raphoe (ausgeschildert) erreicht man einen der eindrucksvollsten Steinkreise der Insel, den **Beltany Stone Circle**, und genießt von dort ein grandioses Panorama.

Die schönsten Strände

■ In Donegal gibt es mehr als einen Traumstrand – der vielleicht beste: **Ballymastocker Bay** bei Rathmullan. › S. 137
■ Das beliebte Seebad **Bundoran** rühmt sich stolz des saubersten Strands Europas. › S. 134
■ Gleich mit mehreren Topstränden wartet die Dingle-Halbinsel auf, aber keiner ist so weitläufig wie der 19 km lange, von Eichenwald gesäumte **Stradbally Beach.** › S. 97
■ Der Sandstrand von **Wicklow** erstreckt sich kilometerweit südwärts bis Brittas Bay, ist also ideal für lange Spaziergänge. › S. 67
■ Der **Curracloe Strand** nördlich von Wexford, der im Film »Saving Private Ryan« eine Hauptrolle spielte, erfreut sich im Sommer großer Beliebtheit. › S. 68

Infos von A–Z

Ärztliche Versorgung

Prüfen Sie vor der Abreise, ob Ihre Krankenversicherung in der Republik die Behandlung bei praktischen Ärzten des Health Board und in Krankenhäusern abdeckt. In Nordirland ist die Notfallbehandlung im Rahmen des National Health Service für Touristen kostenlos.

Behinderte

Detaillierte Unterkunftsverzeichnisse bieten www.irelandhotels.com sowie B & B Ireland, www.bandbireland.com. Weitere Informationen:
■ **National Disability Authority,** 25 Clyde Rd., Dublin 4, Tel. +353(0)1/608 0400, www.nda.le
■ **Disability Action,** Portside Business Park, 189 Airport Rd. West, Belfast BT3 9ED, Tel. +44(0)28/9029 7880, www.disabilityaction.org.

Diplomatische Vertretungen

■ **Deutsche Botschaft:** 31 Trimleston Ave., Booterstown, Co. Dublin, Tel. 01/269 3011, www.dublin.diplo.de
■ **Österreichische Botschaft:** 15 Ailesbury Ct./91 Ailesbury Rd., Dublin 4, Tel. 01/269 4577, dublin-ob@bmeia.gv.at
■ **Schweizer Botschaft:** 6 Ailesbury Rd., Dublin 4, Tel. 01/218 6382/83, www.eda.admin.ch/dublin

Elektrizität

Netzspannung in der Republik 220 Volt, in Nordirland 240 Volt Wechselstrom. Für die Steckdosen braucht man dreipolige Adapter.

Einreise

Für Aufenthalte bis zu drei Monaten benötigen Bürger der EU-Staaten und der Schweiz einen Reisepass, der für die Dauer des Aufenthalts gültig sein muss (bei EU-Bürgern auch Einreise mit Personalausweis gestattet). Autofahrern mit eigenem Fahrzeug wird die Grüne Versicherungskarte empfohlen.

Feiertage

Neujahr (New Year's Day), 17. März (St. Patrick's Day), Karfreitag (Good Friday), Ostermontag (Easter), 12. Juli (Orange Day, nur in Nordirland), 1. und 2. Weihnachtsfeiertag (Chrismas Day und Boxing Day). *Bank Holidays*: erster Mo im Mai, letzter Mo im Mai, erster Mo im August (in Nordirland) bzw. erster Mo im Juni und im August sowie letzter Mo im Oktober (Republik).

Geld

In ganz Irland kann man problemlos mit Kreditkarte zahlen und mit einer Maestro-Bankkarte plus PIN an vielen Geldautomaten Bargeld beziehen.

Landeswährung ist in der Republik Irland der Euro (€), in Nordirland das britische Pfund (£). Viele touristische Einrichtungen in Nordirland akzeptieren den Euro (Wechselgeld in Pfund), man sollte aber die Umrechnung überprüfen.

Haustiere

Haustiere vom Kontinent können auf Verkehrswegen eingeführt werden, die dem britischen Pets Pilot Project unterstehen (Infos: http://ukingermany.fco.gov.uk/de/visiting-uk/pet-travel-scheme). Der EU-Heimtierpass ist nötig, aber nicht ausreichend. Weitere Informationen: Tel. +353(0)1/607 2827, www.agriculture.gov.ie (Republik); Tel. +44 (0)870 241 1710, www.dardni.gov.uk (Nordirland).

Informationen

■ **Deutschland: Irland Information Tourism Ireland**
Gutleutstr. 32, 60329 Frankfurt, Tel. 069/66 80 09 50, www.discoverireland.com/de
■ **Österreich: Tourism Ireland**
Tel. 01/5 01 59 60 00, www.discoverireland.com/at
■ **Schweiz: Tourism Ireland**
Tel. 044/2 10 41 53
www.discoverireland.com/ch-de
■ Die meisten Orte der Insel haben ein Fremdenverkehrsbüro, das zumindest in der Sommersaison geöffnet ist.

Notrufnummern

Für Feuerwehr, Notarzt und Polizei gilt auf der ganzen Insel Tel. 112 und 999.

Öffnungszeiten

■ **Banken:** Mo–Fr mind. 10–12.30 und 13.30–15 Uhr, in Dublin Do bis 17 Uhr, in Nordirland oft 9.30 bis 15.30 Uhr.
■ **Geschäfte:** Mo–Sa mind. 10 bis 17.30 Uhr, in der Saison oft bis spät abends oder So; am »Early Closing Day« (meist Mi oder Do) schließen auf dem Land viele Läden mittags.
■ **Pubs:** In der **Republik** Mo–Do 10.30–23.30, Fr, Sa 10.30–0.30, So 12.30–23 Uhr, in **Nordirland** Mo–Sa 11.30–23, So 12.30–22 Uhr.
Auf Abweichungen von den offiziellen Zeiten muss man gefasst sein, was auch für **Museen und Sehenswürdigkeiten** gilt.

Rauchverbot

In ganz Irland, also sowohl in der Republik als auch in Nordirland, gilt in Gastronomie und öffentlichen Gebäuden, Taxis, Zügen sowie Hotelzimmern, die nicht als Raucherzimmer ausgewiesen sind, ein Rauchverbot. Bei Übertretungen drohen bis zu 3000 € Strafe.

Sicherheit

Auch in Irland, v.a. in Dublin, muss man auf Taschendiebstähle und Autoaufbrüche gefasst sein.

Telefon

Telefonkarten *(phonecards)* gibt es bei Postämtern und in vielen Läden. Handys funktionieren problemlos.

Internationale Vorwahlen: Deutschland +49, Österreich +43, Schweiz: +41, Republik Irland (auch von Nordirland aus) +353, Nordirland +44 (aus der Rep. Irland: 048 plus Teilnehmernummer). Vorwahl von Nordirland innerhalb Großbritanniens: 028.

Trinkgeld

Taxifahrer erwarten 10–15 % des Rechnungsbetrags, ebenso Bedienungen in Restaurants, sofern auf der Speisekarte *Service not included* steht. Im Pub gibt man kein Trinkgeld.

Zoll

Für EU-Bürger sind Waren des privaten Bedarfs zollfrei. Schweizer dürfen max. 200 Zigaretten, 1 l Alkoholika über 15 Vol.-% oder 2 l unter 15 Vol.-% und 60 ml Parfüm ein- bzw. ausführen.

Urlaubskasse Republik Irland/ Nordirland	
Tasse Kaffee	2/2,40 €
Glas Bier	4,70/3,90 €
Glas Guinness (pint)	4,50/3,50 €
Cola/Wasser	2/1,80 €
Sandwich	4/3 €
Kugel Eis	1,50/1,50 €
Mietwagen/Tag Juni–Aug. sonstige Zeit	80/70 € 80/40 €
1 l Superbenzin	1,25/1,35 €

Register

Register